# AINDA EXISTE ESPERANÇA

## A solução para os problemas da vida

De: _____

Para: _____

# AINDA EXISTE ESPERANÇA

## A solução para os problemas da vida

Enrique Chaij

Tradução
Fernanda Caroline de Andrade Souza

Casa Publicadora Brasileira
Tatuí, SP

Título original em espanhol:
TODAVÍA EXISTE ESPERANZA

*Direitos de tradução e publicação em
língua portuguesa reservados à*
CASA PUBLICADORA BRASILEIRA
Rodovia SP 127 – km 106
Caixa Postal 34 – 18270-000 – Tatuí, SP
Tel.: (15) 3205-8800 – Fax: (15) 3205-8900
Atendimento ao cliente: (15) 3205-8888
www.cpb.com.br

1ª edição: 6,81 milhões de exemplares
2010

*Editoração:* Marcos De Benedicto e Neila D. Oliveira
*Projeto Gráfico:* Levi Gruber
*Capa:* Filipe C. Lima
*Fotos da Capa:* Montagem sobre imagens de Shutterstock

IMPRESSO NO BRASIL / *Printed in Brazil*

**Dados Internacionais de Catalogação na Publicação (CIP)**
**(Câmara Brasileira do Livro, SP, Brasil)**

Chaij, Enrique
  Ainda existe esperança : a solução para os
problemas da vida / Enrique Chaij ; tradução
Fernanda Caroline de Andrade Souza. – Tatuí,
SP : Casa Publicadora Brasileira, 2010.

  Título original: Todavía existe esperanza.

  1. Amor 2. Esperança 3. Fé 4. Jesus Cristo –
Ensinamentos 5. Jesus Cristo – Pessoa e missão
6. Reflexões 7. Vida cristã 8. Vida espiritual
I. Título.

10-08396                                    CDD-234.25

**Índices para catálogo sistemático:**
1. Esperança : Cristianismo   234.25

As citações bíblicas deste livro pertencem à versão Almeida Revista e Atualizada,
exceto quando houver outra indicação.

 Todos os direitos reservados. Proibida a reprodução total ou parcial,
por qualquer meio, *sem prévia autorização escrita* do autor e da Editora.

Tipologia: Warnock Pro Light Display, 10,5/13,5 – 12246/23589 – ISBN 978-85-345-1329-6

# Sumário

| | | |
|---|---|---|
| **Introdução** | O Autor da Esperança | 6 |
| **Capítulo 1** | Esperança para Você | 9 |
| **Capítulo 2** | A Esperança dos Séculos | 14 |
| **Capítulo 3** | Amor Incomparável | 24 |
| **Capítulo 4** | O Mestre da Esperança | 31 |
| **Capítulo 5** | Palavras de Esperança | 39 |
| **Capítulo 6** | Valores Eternos | 45 |
| **Capítulo 7** | Verdades Essenciais | 55 |
| **Capítulo 8** | A Fonte da Felicidade | 61 |
| **Capítulo 9** | Milagres Prodigiosos | 67 |
| **Capítulo 10** | Nascido para Morrer | 75 |
| **Capítulo 11** | O Maior Presente | 84 |
| **Capítulo 12** | Vida para Sempre | 90 |
| **Capítulo 13** | Amigos da Esperança | 99 |
| **Capítulo 14** | A Esperança do Futuro | 103 |
| **Conclusão** | O Caminho da Esperança | 110 |

Introdução

# O Autor da Esperança

**Em 12 de janeiro de 2010**, o mundo foi abalado por um terremoto que devastou o Haiti, o país mais pobre das Américas, e deixou cerca de 230 mil mortos, sem contar mais de 1 milhão de desabrigados. Como o país já havia sido castigado por furacões e tempestades, o jornalista Leonard Pitts Jr., do *Miami Herald*, foi levado a perguntar se o planeta não estaria "conspirando contra essa pequena e humilde nação".[1]

Sim, às vezes, a Terra é cruel, Leonard. Mas não há conspiração contra o Haiti. Afinal, logo depois, em 27 de fevereiro, foi a vez do Chile sofrer um sismo de magnitude 8,8, que matou mais de 700 pessoas e danificou 1,5 milhão de casas. O tremor foi tão forte que os sismologistas estimam que ele pode ter encurtado a duração do dia em 1,26 microssegundo e alterado o eixo da Terra em 8 cm! Então, em abril, vieram as chuvas do Rio de Janeiro, matando mais de 230 pessoas. E as tragédias pelo mundo afora continuaram... Ainda existe esperança para o planeta?

Em 1948, a Declaração Universal dos Direitos Humanos proclamou que a alimentação é um direito básico do ser humano. Em 1969, a Declaração sobre o Progresso e o Desenvolvimento no Campo Social afirmou que é necessário "eliminar a fome e a subnutrição e garantir o direito a uma nutrição adequada". Em 1974, foi a vez da Declaração Universal para a Eliminação Definitiva da Fome e da Subnutrição dizer que cada indivíduo "tem o direito inalienável de ser libertado da fome e da subnutrição". Se isso não bastasse, em 1992, a Declaração Mundial sobre a Nutrição reafirmou que "o acesso a alimentos seguros e nutritivos constitui um direito universal. Documentos... Apesar das boas intenções, a desnutrição ou subnutrição maltrata 1 bilhão de pessoas no mundo! Ainda existe esperança para os pobres?

# INTRODUÇÃO

No 1º século da era cristã, a população do mundo oscilava entre 200 e 300 milhões. No século 17, chegou a 500 milhões. Em 1804, com o rápido crescimento demográfico, deu um salto para 1 bilhão. Em 1927, cravou 2 bilhões; em 1960, 3 bilhões; em 1974, 4 bilhões; em 1987, 5 bilhões; em 1999, 6 bilhões. Hoje, a população está beirando a casa de 7 bilhões. A estimativa é de que chegue a 8 bilhões em 2025, 9 bilhões em 2040 e 10 bilhões em 2060. Se o mundo levou 123 anos para ir de 1 bilhão a 2 bilhões, gastou somente 12 para ir de 5 a 6 bilhões, o mesmo tempo necessário para ir de 6 para 7 bilhões.[2] Ainda existe esperança para o mundo?

Poderíamos continuar enumerando tragédias e estatísticas em várias áreas por centenas de páginas. Mas você já captou a ideia. A grande pergunta é: existe esperança para o mundo, com todos os seus problemas, e para cada um de nós, com nossas crises? Se há esperança, onde ela se encontra? A esperança estaria na política, na religião, na educação, na ciência, na tecnologia, na criatividade?... Acreditamos que existe esperança, mas ela não está nessas coisas. Só existe uma verdadeira fonte de esperança para o mundo, e este livro foi escrito para ajudar você a conhecê-la melhor.

Não sei como este livro foi parar em suas mãos. Talvez alguém lhe tenha presenteado ou você o tenha adquirido em algum lugar. Isso não é o importante. O que realmente importa é que o conteúdo do livro lhe seja atrativo e proveitoso. Para isso, leia-o com calma até o fim, e você descobrirá um alimento saudável para o coração e uma mensagem que poderá mudar sua vida.

Em geral, estamos tão ocupados com nossas obrigações e tão envolvidos na rotina da vida que achamos difícil encontrar um momento adequado para a reflexão espiritual, não é mesmo? E, sem que nos demos conta, pode ocorrer conosco o mesmo que aconteceu com um conhecido político europeu a quem perguntaram se havia visto o eclipse do Sol no dia anterior. Sua resposta foi: "Estou tão ocupado com os problemas da Terra que não tenho tempo de olhar para o céu!" Que resposta!

Poderíamos estar levando uma vida tão horizontal a ponto de não termos tempo para levantar o olhar da alma? Poderia uma filosofia terrena e secular de vida estar nos roubando a capacidade de cultivar os valores espirituais? Como resultado, quanta paz e alegria podemos perder!

Este pequeno livro nos introduz ao terreno da fé, da esperança e do amor, as três virtudes máximas que dão plenitude e felicidade ao coração. Mas, de modo especial, nos coloca em contato com a esperança, a grande força criativa e sustentadora da vida.

O que é uma pessoa sem esperança? É alguém sem sonhos, sem ideais, sem futuro... É alguém sem otimismo, que não sente vontade de lutar. Quando não há esperança, o desespero ocupa seu lugar. O pensamento derrotista se apodera da pessoa e sobrevém o fracasso.

O que é uma pessoa com esperança? É alguém com mente positiva e otimista, que crê no triunfo do bem sobre o mal, que não desfalece na luta, que se levanta quando cai, que confia na direção divina e que conserva o entusiasmo de viver.

A esperança é o assunto dominante destas páginas. Num mundo mergulhado em desespero, ainda existe esperança? Ao longo deste livro, apresentaremos respostas que farão bem ao seu coração. Ao lê-lo, você desfrutará de uma viagem espiritual na companhia do Autor da verdadeira e suprema esperança. Descobrirá a única solução real para os problemas da vida.

---

[1] Leonard Pitts Jr., "Cruel as it is, we somehow go on", *Miami Herald*, disponível em http://www.miamiherald.com/2010/01/14/1424766/cruel-as-it-is-we-somehow-go-on.html.

[2] "World Population", Wikipedia, disponível em http://en.wikipedia.org/wiki/World_population.

# Capítulo 1

# Esperança para Você

**Ao comentar com franqueza** a difícil situação de sua vida, uma jovem disse: "Desejava ser popular entre os rapazes. Um dia, cedi à tentação no banco traseiro de um carro. Fiquei grávida e tive um bebê, mas logo perdi o filho que tanto amava e me tornei viciada em drogas. Agora sou prostituta." E ela terminou seu relato perguntando: "Há esperança para mim?"

A história inquietante dessa jovem não é única. De uma ou outra maneira, representa todos nós nos momentos de opressão ou diante das mais variadas situações problemáticas. Quantas pessoas se sentem como essa mulher! Trata-se de seres que, em meio às suas angústias, almejam paz para o coração atribulado. Talvez seja o jovem de vida irregular que busca com ansiedade melhorar seu mundo interior, ou o adulto que necessita preencher o vazio da alma com um padrão diferente de conduta. Enfim, podem ser seus amigos ou os meus que procuram afeto e compreensão para o pesado fardo que suportam.

Todos esses corações angustiados fazem a si mesmos a grande pergunta: "Existe esperança para mim?" Aqui tenho o prazer de compartilhar uma resposta favorável: "Sim, existe esperança!" Houve esperança para a mulher que venceu sua vida de libertinagem e hoje é uma nova pessoa. Continua havendo esperança para o jovem que perdeu seu rumo e para o adulto que sonha com uma vida plena e radiante.

Com essa visão positiva e otimista, veremos nestas páginas o enorme valor da esperança, e como nosso coração pode se encher de felicidade. A verdadeira esperança é muito mais que uma simples perspectiva ou mero desejo. É a certeza de que todo mal pode ser vencido, e que tudo o que está torto pode ser endireitado. É uma atitude mental tão renovadora que a chamamos de "âncora da alma, segura e firme" (Hebreus 6:19). É a âncora que sustenta a vida; que dá paz e segurança na tormenta; que tira a desesperança do coração angustiado.

Dois pacientes do interior do país acabavam de ser atendidos pelo mesmo médico. Quando o profissional recebeu os resultados das análises que havia solicitado, deu o diagnóstico de cada caso. Um dos pacientes estava gravemente doente, com pouca chance de sobreviver. O outro não tinha nada sério, e esperava-se que sarasse em pouco tempo.

Devido à distância em que viviam os doentes, foram-lhes enviados pelo correio os respectivos diagnósticos, mas, por uma infelicidade, os nomes foram trocados. A consequência foi que o doente que tinha pouca possibilidade de se recuperar continuou vivendo, ao passo que o outro morreu, embora sua doença não fosse séria.

A esperança salvou o paciente cuja doença era grave, e a desesperança matou aquele cuja enfermidade era leve. Como se vê, a genuína esperança comunica valor e otimismo, assegura a fortaleza espiritual e aumenta as defesas naturais do organismo. Como, então, não cultivar essa extraordinária virtude? Precisamos de esperança, ainda mais sabendo que o que é sentido no estreito âmbito do coração humano influencia a sociedade e o mundo.

## O mundo de hoje

Como está o homem, assim está o mundo: com problemas de toda espécie e sem uma saída certa à vista. O próprio planeta está sendo sacudido por violentos terremotos, devastadores furacões, perigosas erupções vulcânicas, arrasadoras inundações e desoladoras secas, além do temível "efeito estufa", que está modificando o clima em diversas regiões da Terra. A esse quadro soma-se a obra predadora do homem, que contribui com a alteração do equilíbrio ecológico da crosta terrestre. Mas essa realidade física, preocupante como possa ser, não é o aspecto mais relevante entre os problemas que afligem a humanidade.

O que mais afeta o mundo não são os desastres naturais, e sim as ações contaminadas dos seres humanos, as injustiças cometidas contra os mais indefesos, o espírito belicoso dos mais fortes, a moral permissiva que arruína milhões de famílias, os vícios que degradam e encurtam a vida, a insegurança que instala o roubo e a morte nas ruas das grandes cidades. Esses são os piores inimigos que dominam a Terra, como resultado do egoísmo e da maldade sem restrição.

As palavras do antigo profeta Isaías poderiam ser aplicadas ao mundo de hoje: "As vossas mãos estão contaminadas, [...] os vossos lábios falam mentiras, e a vossa língua profere maldade. [...] Pelo que o direito se retirou, e a justiça se pôs de longe; porque a verdade anda tropeçando pelas praças, e a retidão não

ESPERANÇA PARA VOCÊ 11

pode entrar" (Isaías 59:3, 14). Mas, não importa qual seja a condição espiritual do mundo, uma esperança luminosa paira no horizonte.

O seguinte relato ilustra como pode estar próxima a esperança. Certa noite de densa escuridão, um homem caminhava por uma solitária vereda montanhosa. Numa curva do caminho, ele escorregou e caiu no precipício. Contudo, na queda, ficou enganchado num forte galho de uma árvore, com os pés pendurados no vazio. Desesperado, o homem tentou subir pela árvore, mas isso lhe foi impossível. Ali estava o pobre viajante: pendurado pelos braços, com os músculos em extrema tensão e o coração carregado de terror. Finalmente, sem forças, o infeliz se deixou cair no abismo. Mas, para sua incrível alegria, a queda foi de somente vinte centímetros! Ele estava a uma pequena distância da terra firme, e não sabia.

Muitas pessoas, e mesmo o mundo, podem hoje se encontrar à beira do precipício, com a convicção de estar às portas da tragédia final. Mas por que não pensar também que existe uma esperança alentadora? Por que não considerar que a solução está à vista? Talvez tão próxima como a curta distância que salvou a vida do viajante da montanha!

**Nossa maior esperança**

A verdadeira esperança não se limita a uma atitude mental positiva; é muito mais que o sonho de um otimista. Tampouco está baseada nas promessas encantadoras dos grandes líderes da Terra. Na realidade, não existe ação ou pessoa que possa acender uma esperança estável no fundo do coração humano.

*A maior esperança do mundo foi e continua sendo Jesus Cristo.*

Então, onde está o segredo? Onde está a fonte de tão alta virtude? É uma utopia falar sobre ela, ou é algo alcançável? Ao longo da história, a humanidade tem depositado sua confiança em sistemas políticos, para depois ficar totalmente desencantada, frustrada e sem esperança. Durante séculos, se pensou que a razão e a inteligência humana (os sistemas filosóficos) tra005riam esperança para nosso planeta, mas, em vez disso, apenas ajudaram a aumentar a crise existencial das pessoas. Em contrapartida, milhões de pessoas nos asseguram que a maior esperança do mundo foi e continua sendo Jesus Cristo. Ele é a fonte da esperança para o planeta e para cada um individualmente.

Esse humilde Menino de Belém, esse excelente Carpinteiro de Nazaré, esse cativante Pregador que comoveu as multidões, esse sábio Mestre que compartilhou o melhor ensino, esse ilustre Reformador que ainda continua transformando vidas, é o Filho de Deus, que veio ao mundo revelar o amor mais profundo do Universo e estabelecer a maior esperança de todos os tempos.

Procure onde quiser, e você não encontrará outro que se pareça com Ele. Convido você a conhecê-Lo como seu Salvador. Aproxime-se dEle, mesmo que seja apenas para saber de quem se trata. Você descobrirá o Amigo mais maravilhoso, como uma vez eu também descobri. Se preferir, não acredite de início nEle. Mas, com o coração sincero e com objetividade, analise a vida e a obra desse supremo Personagem de ontem, de hoje e de sempre. Você se surpreenderá à medida que conhecê-Lo melhor.

Preparei esta obra de maneira coloquial, para você sentir que estou conversando com você sobre o assunto mais transcendente de todos. Gostaria de lhe dizer que, além de ser nossa maior esperança, Jesus é também nosso constante Ajudador.

Durante os dias da Primeira Guerra Mundial, realizava-se a famosa "prova de Kitchener", por meio da qual eram testados os regimentos ingleses para ver se estavam preparados para ir à frente da batalha. A prova consistia em caminhar um longo trajeto pelas piores estradas, e, por fim, cada soldado deveria se encontrar em seu respectivo lugar, em correta formação.

Certo regimento de infantaria, que foi submetido a essa dura prova, tinha entre seus soldados um rapaz inexperiente e de pouca força física. A prova era realizada no norte da Índia, sobre um caminho desértico de areia, num dia de muito vento e calor. Durante os primeiros quinze quilômetros, tudo transcorreu bem, mas logo o jovem soldado começou a fraquejar.

Felizmente, seu companheiro era um soldado experiente e robusto, a quem o jovem disse: "Estou ficando cansado." "Ânimo, pois falta pouco!", respondeu o companheiro. Se você falhar, todos nós seremos reprovados. Dê-me seu fuzil." Mais tarde, disse-lhe: "Dê-me sua mochila." E assim, pouco a pouco, o esgotado jovem foi aliviando sua carga. Por fim, quando haviam passado pela difícil prova, entre os soldados estava um com as costas vazias. Seu corajoso companheiro havia levado a carga no lugar dele.

Quando, no caminho da vida, o fardo é pesado e temos dificuldade para continuar, convém recordar que também temos ao nosso lado um companheiro forte e vencedor: Jesus, o Filho de Deus. Ele pode tirar de nosso coração toda carga, toda dor, toda frustração, todo fracasso... Ele nos alivia o peso da vida e nos enche de renovadas esperanças. Ninguém pode nos ajudar tanto como esse Amigo!

Este foi o começo do livro. A história continua. Agora vem o melhor...

ESPERANÇA PARA VOCÊ   13

## PARA RECORDAR

1. Não importa qual seja a nossa situação, sempre existe esperança. Porém, a esperança deve ser colocada em Deus. *"Bendito o homem que confia no Senhor e cuja esperança é o Senhor"* (Jeremias 17:7).

2. A esperança é mais do que uma atitude mental positiva. É o olhar confiante que possibilita ver além da realidade visível. *"Porque, na esperança, fomos salvos. Ora, esperança que se vê não é esperança; pois o que alguém vê, como o espera?"* (Romanos 8:24).

3. A fonte da verdadeira esperança é Jesus Cristo, que nos une a Deus. *"Estáveis sem Cristo, separados da comunidade de Israel e estranhos às alianças da promessa, não tendo esperança e sem Deus no mundo. Mas, agora, em Cristo Jesus, vós, que antes estáveis longe, fostes aproximados pelo sangue de Cristo"* (Efésios 2:12, 13).

Capítulo 2

# A Esperança dos Séculos

**Durante longos séculos**, o povo esperou a chegada do Messias e Redentor prometido. Todas as famílias hebreias acalentavam a esperança de que em seu meio nascesse o Filho da promessa. Finalmente, ele nasceu na humilde aldeia de Belém, numa estrebaria rústica e malcheirosa, tendo apenas a companhia dos animais.

Não havia ninguém ali para Lhe dar as boas-vindas, ou para acompanhar os solitários pais. Nenhum amigo, nenhum parente, nenhuma pessoa solidária, nenhum comunicador para espalhar a notícia! E, e se alguém ficou sabendo do nascimento, deve ter pensado que se tratava de mais um menino na face da Terra. Mas, pior ainda, quando o rei Herodes percebeu que podia se tratar do Messias prometido, fez o que pôde para destruí-Lo. "Mandou matar todos os meninos de Belém e de todos os seus arredores" (Mateus 2:16).

Jesus não veio ao mundo por acaso, tampouco num momento qualquer da história. Veio "quando chegou o tempo certo" (Gálatas 4:4, NTLH), quando o relógio divino marcou a hora precisa, segundo os sábios e eternos planos do Altíssimo. Alguém pode achar que Jesus demorou muito para chegar. Porém, Deus estava (e está) no controle do tempo e dos acontecimentos. A escritora Ellen White comenta: "Como as estrelas no vasto circuito de sua indicada órbita, os desígnios de Deus não conhecem adiantamento nem tardança."[1]

Jesus nasceu no momento em que o mundo estava preparado para a chegada do Salvador. As nações estavam unidas num mesmo governo e se falava vastamente o grego em quase toda a extensão do império. Os romanos haviam estabelecido um complexo sistema de caminhos que permitia viajar com muito mais facilidade, e o sistema de correios estabelecido por eles acelerava as comunicações.

Havia uma espécie de globalização, processo que teve início quando Alexandre Magno procurou "unir toda a humanidade sob uma mesma civilização de tonalidade notadamente grega",² resultando no helenismo. Por sua vez, as religiões de mistério haviam perdido grande parte de seu esplendor, e os homens se encontravam cansados de cerimônias e fábulas. Depois de tantos séculos de trevas, o desejo pela luz era evidente. As pessoas anelavam algo novo e estavam preparadas para receber o Salvador. O mal tinha atingido o clímax no planeta, e era hora de Deus fazer uma intervenção espiritual, mostrando um novo horizonte para a humanidade.

Como os judeus estivessem espalhados, a expectativa da vinda do Messias era, até certo ponto, conhecida e partilhada por pessoas de várias nações. Afinal, a própria Bíblia hebraica estava traduzida para o grego (Septuaginta). Isso era importante porque o plano de Deus era alcançar o mundo com as boas-novas da chegada do Salvador. Finalmente, as condições para a divulgação do evangelho haviam se tornado mais favoráveis, e Deus achou que esse era o momento ideal para o nascimento de Jesus.

O historiador Justo Gonzalez comenta: "A 'plenitude do tempo' não quer dizer que o mundo estivesse pronto a se tornar cristão, como uma fruta madura pronta para cair da árvore, mas que, nos desígnios inescrutáveis de Deus, havia chegado o momento de enviar Seu Filho ao mundo para sofrer morte de cruz, e de espalhar os discípulos pelo mundo, a fim de que eles também dessem testemunho custoso de sua fé no Crucificado."³

## O dia mais importante

Quando os astronautas da Apolo XI pisaram o solo lunar em 20 de julho de 1969, Richard Nixon, então presidente dos Estados Unidos, declarou: "Este é o dia mais importante da história, a maior façanha dos homens." Mas o dia mais importante da história não teria sido quando Jesus pisou a Terra, naquela estrebaria em Belém?

Contudo, enquanto a chegada do homem à Lua era anunciada com júbilo em todo o mundo, a chegada de Cristo ao nosso planeta foi anunciada de noite a um grupo de pastores de ovelhas, perto de uma modesta aldeia da Palestina.

Assim nasceu o Prometido de Deus, do modo mais inesperado, no lugar menos pensado, e diante da indiferença menos merecida. O poderoso Dono do Universo, nascendo no lugar mais humilde, identificando-Se com as necessidades humanas de todos os tempos, e mostrando a excelência incomparável da humildade, como a virtude que torna os homens realmente grandes, deixa-nos uma memorável lição: a verdadeira grandeza há de ser acompanhada sempre pela humildade! Do contrário, a grandeza deixa de existir para converter-se em orgulho, sede de fama ou ambição de poder.

Boa parte das realizações mais importantes do mundo teve um começo muito humilde. A vida e a obra transcendente de Jesus assim o demonstram, a partir de Seu humilde e secreto nascimento. O pequeno de hoje, amanhã pode ser grande em sua vida; e sua modéstia atual pode preceder suas melhores conquistas de amanhã!

O povo sabia de verdade quem havia nascido em Belém? As opiniões estavam muito divididas, como estão até hoje. Mesmo entre os chamados "cristãos", muitos veem em Jesus apenas um profeta iluminado, ou um mártir incompreendido. E não faltam as ideologias sociais e políticas que disputam o grande Mestre como seu real precursor. Quanto de correto têm essas pretensões?

## Homem incomum

Napoleão Bonaparte se encontrava cativo na ilha de Santa Helena, onde morreu em 1821. Certo dia, ele comentou com seu fiel colaborador, o general Bertrand: "Escute, Jesus Cristo não é um homem. Seu nascimento, a história de Sua vida, a profundidade de Sua doutrina, Seu evangelho, Seu império, Sua marcha ao longo dos séculos, tudo isso é para mim uma maravilha, um mistério inexplicável. Alexandre, César, Carlos Magno e eu fundamos impérios, mas em que se fundamentam as criações de nosso gênio? Na força. Somente Jesus Cristo fundou um império com base no amor, e neste exato momento milhões de pessoas morreriam por Ele."

Enquanto os grandes guerreiros e conquistadores se moveram pelo amor ao poder, Jesus Cristo agiu com o poder do amor. E, em resposta à Sua entrega redentora, quantos milhões de homens e mulheres entregam a vida a Ele!

Por isso, Napoleão continuou dizendo: "Só Cristo conseguiu conquistar de tal maneira a mente e o coração dos homens que para Ele não há barreiras de tempo nem de espaço. Pede o que o filósofo em vão busca de seus adeptos, o pai de seus filhos, a esposa do esposo; pede o coração... O maravilhoso é que Seu pedido é atendido! Todos os que sinceramente creem em Cristo experimentam esse amor sobrenatural para com Ele, fenômeno inexplicável, superior a possibilidades humanas... Isto é o que mais me surpreende; o que me faz meditar com frequência, o que me demonstra, sem dúvida alguma, a divindade de Jesus Cristo."

Napoleão teve que chegar ao cativeiro e ao exílio para pronunciar essas

# A ESPERANÇA DOS SÉCULOS  17

palavras e reconhecer a realidade do poder de Jesus. A trajetória de sua vida teria sido muito diferente se ele houvesse pensado em Jesus enquanto conquistava espaços e destruía vidas arbitrariamente em busca de uma glória vã e passageira.

Ao testemunho de Napoleão poderíamos acrescentar muitos outros do mesmo teor. Durante sua vida, essas pessoas ignoraram Cristo e até se opuseram a Ele tenazmente, mas, no fim do caminho, voltaram atrás. Podemos mencionar, por exemplo, a atitude de Voltaire (1694-1778), o célebre escritor francês que se gloriou de seu agnosticismo. Ele se esforçou para desprestigiar o cristianismo e seu Fundador, e até animou-se a predizer que a fé cristã iria desaparecer. Mas, na hora de sua morte, Voltaire abandonou sua postura anterior, pediu perdão a Deus e exclamou: "Cristo! Cristo!" De quantas bênçãos se privou esse grande incrédulo ao longo de muitos anos por se haver levantado contra a pessoa de Jesus! Podia ter tido paz, mas não a teve; alegria, mas tampouco a teve; esperança, mas achava que não necessitava dela! Podia ter se sentido um filho de Deus, mas foi apenas filho de suas próprias ideias anticristãs!

Terminemos esta seção recordando as palavras do oficial romano que esteve diante de Jesus durante a crucifixão. Impressionado pela dignidade de Cristo e pelas palavras que pronunciou da cruz, o soldado exclamou quando Jesus expirou: "Verdadeiramente, este homem era o Filho de Deus!" (Marcos 15:39).

*Jesus Cristo é a imagem perfeita do Deus invisível.*

Não é uma contradição negá-Lo tanto e até crucificá-Lo para, no fim, reconhecer que o Crucificado "era o Filho de Deus"? A obstinação pode fazer com que a pessoa insista em rejeitar as evidências da divindade de Jesus Cristo. Porém, isso não resolve o problema do ser humano. Aceitar Jesus como o Messias divino nos assegura a rica bênção que somente Ele pode dar. Saliente no coração esta linda verdade!

## A imagem do Deus invisível

O apóstolo Paulo declara que Cristo "é a imagem do Deus invisível, o primogênito de toda a criação, pois nEle foram criadas todas as coisas nos céus e sobre a terra. [...] Ele é antes de todas as coisas. NEle, tudo subsiste" (Colossenses 1:15-17).

Se Jesus criou "todas as coisas" e existia "antes de todas as coisas", pode-se tirar disso uma grande verdade: que Ele é Deus, integrante da Divindade, eterno e sem começo no tempo. "No princípio", como declara João, "era o Verbo [Jesus], e o Verbo estava com Deus, e o Verbo era Deus. Todas as coisas foram feitas por intermédio dEle, e, sem Ele, nada do que foi feito se fez" (João 1:1-3). E Jesus Se encarnou, assumiu nossa natureza "e habitou entre nós, cheio de graça e de verdade" (v. 14).

Mais tarde, novamente o discípulo João fala do mesmo assunto, e diz que estamos "em Seu Filho, Jesus Cristo. Este é o verdadeiro Deus, e a vida eterna" (1 João 5:20).

Também é João quem registra as palavras do discípulo Tomé, que inicialmente não creu na ressurreição do Mestre, mas, quando viu por si mesmo o Senhor ressuscitado, exclamou: "Senhor meu e Deus meu!" (João 20:28). Tomé chamou Jesus de *Deus*, e não estava errado. Se houvesse cometido um erro ao chamá-Lo assim, Jesus o teria corrigido, não acha?

Voltando a Paulo, ele diz que Cristo "é sobre todos, Deus bendito para todo o sempre" (Romanos 9:5). O mesmo que, por amor a nós, assumiu a natureza humana e Se fez totalmente homem para Se colocar em nosso lugar foi também e continua sendo nosso Deus onipotente, o Autor de nossa redenção.

Se Jesus não fosse Deus, que valor ou que significado teria Sua morte na cruz? Não seria a oferta do Deus-homem que morreu em nosso lugar, mas apenas a morte de um mártir inocente. "Deus prova o Seu próprio amor para conosco pelo fato de ter Cristo morrido por nós, sendo nós ainda pecadores" (Romanos 5:8). "Ninguém tem maior amor do que este: de dar alguém a própria vida em favor dos seus amigos" (João 15:13).

## Predições cumpridas

Nas páginas do Antigo Testamento existem numerosas profecias sobre o esperado Messias formuladas com muitos séculos de antecedência, algumas das quais não foram entendidas claramente. Mas, quando se cumpriram com admirável precisão, então se observou nelas seu conteúdo messiânico. Citemos apenas algumas dessas profecias:

1. *O Messias nasceria em Belém* (Miqueias 5:2). Mateus diz de maneira explícita que Jesus nasceu em "Belém da Judeia, em dias do rei Herodes" (Mateus 2:1; ver também Lucas 2:4-6). Justino, nascido na Palestina por volta do ano 100 d.C., menciona, cerca de 50 anos mais tarde, que Jesus nasceu em uma caverna próxima a Belém (*Diálogo* 78).

2. *Nasceria de uma virgem e Se chamaria Emanuel* (Isaías 7:14). Isso se cumpriu, segundo Mateus 1: 22, 23 e 25. Emanuel significa "Deus conosco", e a encarnação de Jesus é a prova do desejo de Deus de morar com Seus filhos.

3. *Seria levado ao Egito* (Oseias 11:1). Quando o rei Herodes, monarca da Judeia, soube que havia nascido um menino a quem alguns identificavam como

futuro "rei dos judeus", decidiu matar todos os meninos menores de dois anos que havia em Belém (Mateus 2:14, 15). Mas os pais de Jesus conseguiram fugir para o Egito, para salvar a vida do recém-nascido.

4. *João Batista seria Seu precursor* (Isaías 40:3; Malaquias 3:1). João Batista foi um profeta que gerou um reavivamento espiritual entre o povo judeu, preparando assim o caminho para a chegada do Messias (Mateus 3:1-3; 11:10).

5. *Realizaria uma vasta obra espiritual mediante a unção do Espírito Santo* (Isaías 61:1, 2). Segundo essa profecia, Jesus traria alívio aos quebrantados de coração e daria visão aos cegos. No início de Seu ministério, Cristo afirmou ser o cumprimento dessa promessa (Lucas 4:18-21). A partir de então, não deixou de consolar os tristes e curar os doentes.

6. *Falaria por parábolas* (Salmo 78:2). Mateus 13:34 e 35 diz: "Todas estas coisas disse Jesus às multidões por parábolas e sem parábolas nada lhes dizia". De fato, nos evangelhos aparecem mais de 50 parábolas proferidas por Jesus.

7. *Seria nosso pastor* (Isaías 40:11). O próprio Jesus assumiu esse título. Ele afirmou: "Eu sou o bom pastor. O bom pastor dá a vida pelas ovelhas" (João 10:11).

8. *Seria traído por um amigo próximo* (Salmo 41:9). Os evangelhos narram que Judas, um de Seus discípulos, entregou Jesus para ser julgado, traindo-O (João 18:2, 3).

9. *Seria vendido por trinta moedas de prata* (Zacarias 11:12). Trinta moedas de prata era o preço que se pagava por um escravo (Êxodo 21:32), e equivaliam a 120 dias de salário de um trabalhador. Mateus 26:14 e 15 afirma que Judas recebeu trinta moedas de prata por trair Jesus.

10. *Suas mãos e Seus pés seriam perfurados na crucifixão* (Salmo 22:16). Segundo o historiador Josefo, a crucifixão era uma prática comum na Palestina. Essa era uma das piores formas de tortura e um dos métodos de execução mais cruéis que tinham sido inventados. Com respeito às feridas que deixaram os pregos em Suas extremidades, Jesus afirmou: "Vede as Minhas mãos e os Meus pés, que sou Eu mesmo; apalpai-Me e verificai" (Lucas 24:39).

11. *Zombariam do Messias* (Salmo 22:7, 8). Os evangelhos nos contam que os judeus "zombavam dEle" e os que estavam crucificados com Ele "O insultavam" (Marcos 15:29-32).

12. *Dariam vinagre e fel para Ele beber* (Salmo 69:21). Um soldado romano ofereceu vinagre com fel a Jesus na cruz (Mateus 27:34, 48). A mistura de vinagre com fel produzia no crucificado certo adormecimento. Porém, Jesus o rejeitou, já que não queria nada que Lhe tirasse a lucidez num momento como aquele.

13. *Dividiriam Suas roupas entre si e lançariam sortes sobre Suas vestes*

(Salmo 22:18). A túnica de Cristo (João 19:23) era sem costura; por isso, no momento da crucifixão, os soldados romanos decidiram lançar sortes sobre ela em vez de dividi-la em partes (Mateus 27:35).

14. *O Messias sofreria para consumar nossa salvação* (Isaías 53:4-9). Seria menosprezado, açoitado, ferido, abatido; levado como ovelha ao matador, sem abrir Sua boca. Isso se cumpriu de forma dramática quando Cristo ofereceu a vida, segundo a narração detalhada nos quatro evangelhos.

15. *O Messias nasceria no tempo determinado por Deus e predito pela profecia* (Daniel 9:24-27). Em síntese, essa profecia diz que o Messias (isto é, Cristo, o Ungido) apareceria 483 anos após o decreto emitido em 457 a.C. para restaurar Jerusalém, o que equivale ao ano em que Jesus foi batizado e iniciou Seu ministério público, em 27 d.C. Ao começar Seu trabalho, Jesus proclamou: "O tempo está cumprido, e o reino de Deus está próximo" (Marcos 1:15). Essa referência ao tempo indica que Ele tinha consciência das profecias messiânicas do Antigo Testamento e em especial dessa profecia de Daniel. Sem dúvida, a missão do Salvador transcorreu em harmonia cronológica e teológica com o cuidadoso planejamento profético (veja o diagrama).

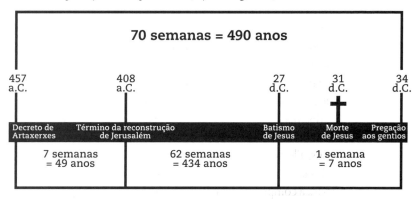

Essa profecia de Daniel tem uma precisão matemática tão grande que o próprio Sir Isaac Newton (1643-1727), o gênio inglês da matemática, ficou fascinado por ela. Dono de uma extensa biblioteca de filosofia e teologia, o formulador da lei da gravitação universal tinha grande interesse não apenas pelas experiências da ciência, mas também pelo estudo sério da Bíblia, e chegou a escrever um comentário sobre as profecias de Daniel e do Apocalipse.

Na obra *As Profecias do Apocalipse e o Livro de Daniel*, o cientista expressa sua confiança nas profecias, com destaque para Daniel. "A autoridade dos imperadores, reis e príncipes é humana; a autoridade dos concílios, sínodos, bispos e presbíteros é humana. Mas a autoridade dos profetas é divina e compreende toda a religião", ele escreveu. "A predição de coisas futuras refere-se à situação da igreja em todas as épocas: entre os antigos profetas, Daniel é o mais específico na questão de datas e o mais fácil de ser entendido. Por isso, no que diz respeito aos últimos tempos, deve ser tomado como a chave para os demais." Para Newton, rejeitar as profecias de Daniel "é rejeitar a religião cristã, pois que essa religião está fundada nas profecias a respeito do Messias".[4]

Como diz o teólogo Gleason Archer em referência à profecia de Daniel 9:24-27, "somente Deus poderia predizer a vinda de Seu Filho com tão admirável precisão; ela desafia toda e qualquer explanação racionalista".[5] Mais de cinco séculos antes, Deus anunciou o tempo exato do início do ministério de Cristo e a ocasião de Sua morte. Como foi isso? Vamos entender melhor a predição.

Próximo ao fim dos 70 anos do cativeiro israelita em Babilônia, que teve início em 586 a.C., Deus explicou a Daniel que o Messias apareceria "sete semanas e sessenta e duas semanas" – ou seja, um total de 69 semanas – "desde a saída da ordem para restaurar e para edificar Jerusalém" (Daniel 9:25).

**Somente Deus poderia predizer a vinda de Seu Filho com tão admirável precisão.**

Esse decreto, que concedia autonomia plena aos judeus, foi emitido no sétimo ano de Artaxerxes, o rei persa, e tornou-se efetivo no outono do ano 457 a.C. (Esdras 7:8, 12-26; 9:9). Depois da 69ª semana, o Messias seria "morto" (Daniel 9:26), o que representa uma referência à morte vicária de Jesus. Ele deveria morrer no meio da 70ª semana, fazendo "cessar o sacrifício e a oferta de manjares" (Daniel 9:27).

A chave para a compreensão do tempo profético reside no princípio bíblico de que, em profecia, um dia equivale a um ano solar literal (Números 14:34; Ezequiel 4:7). De acordo com o princípio do dia-ano, as 70 semanas (ou 490 dias proféticos) representam, portanto, 490 anos literais. Sendo que esse período deveria iniciar com a "ordem para restaurar e para edificar Jerusalém", em 457 a.C., os 483 anos (69 semanas proféticas) nos levam ao outono de 27 d.C., ano em que Jesus foi batizado e iniciou Seu ministério público.

Por ocasião de Seu batismo no rio Jordão, Jesus foi ungido pelo Espírito Santo e recebeu de Deus o reconhecimento como o "Messias" (hebraico) ou como "Cristo" (grego), ambos os títulos tendo o mesmo significado: o "Ungido" (Lucas 3:21, 22; Atos 10:38). Na metade da 70ª semana, ou seja, na primavera do ano 31 d.C., exatamente 3,5 anos após Seu batismo, o Messias fez cessar o sistema de sacrifícios ao oferecer Sua própria vida como sacrifício pela humanidade. No tempo exato indicado pela profecia, durante o festival da Páscoa, Ele morreu. Essa profecia de caráter cronológico, cumprida com extraordinária precisão, representa uma das mais fortes evidências da verdade histórica fundamental de que Jesus Cristo é o longamente prometido Salvador do mundo.[6]

Você percebe como essas predições relativas ao Messias se cumpriram fielmente na pessoa e obra de Jesus Cristo? Bem disse o discípulo André sobre Jesus: "Achamos o Messias" (João 1:41). Sim, Jesus foi o Messias que o povo esperava ansiosamente. Mas, quando Ele veio, os líderes O rejeitaram (João 1:10, 11).

Amigo ou amiga descendente de Abraão, Isaque e Jacó, quero dizer-lhe com todo respeito e afeto: não continue esperando a chegada do Messias, porque o Messias já veio. Examine detidamente o assunto, e verá que tudo o que o Antigo Testamento diz sobre Ele se cumpriu na pessoa de Cristo, como narram as páginas do Novo Testamento. Aceite seu compatriota Jesus como o Messias prometido e o Salvador do mundo. "Não há salvação em nenhum outro" (Atos 4:12), disse Pedro, outro bom conterrâneo seu.

## Superior a todos

Conta a lenda que um homem se encontrava preso na areia movediça. Quanto mais lutava para sair dela, mais afundava. Então, um líder religioso que passava pelo lugar disse filosoficamente: "Isto é prova de que os homens devem evitar lugares como este." Pouco depois, passou por ali outro religioso. Ao ver o homem em desgraça, limitou-se a dizer: "Que esta seja uma lição para os demais!", e continuou seu caminho.

Enquanto o homem se afundava cada vez mais na areia, outro religioso disse ao passar: "Pobre homem! É a vontade de Deus." Logo, outro pensador religioso gritou ao desafortunado: "Anime-se! Você voltará à vida em outro estado!"

Finalmente, passou por ali Jesus. Ao ver que o homem não tinha saída, inclinou-Se e lhe estendeu a mão, dizendo: "Dê-Me sua mão, irmão, que o tirarei daqui!"

A lenda ilustra o caráter notável de Jesus. Assim foi o poderoso Messias de ontem e assim continua sendo o amável Mestre e Salvador Jesus Cristo. Todas as Suas ações são obras de amor. Não passa por uma pessoa desvalida

# A ESPERANÇA DOS SÉCULOS 23

sem oferecer-lhe ajuda. Não há quem possa igualar-se a Ele. Jesus nos levanta quando estamos caídos, nos indica o que fazer quando nos sentimos extraviados e nos dá um coração radiante quando as nuvens eclipsam o sol da alegria. Jesus foi certamente o enviado de Deus e o Messias tão esperado. Recebê-Lo como tal em nosso coração traz paz, gozo e salvação. Sua vida incomparável é mais ampla que a vastidão dos mares, mais sublime que os altos céus e mais profunda que o insondável oceano. Com razão, ao concluir seu evangelho, o discípulo João disse sobre as obras de Jesus: "Se todas elas fossem relatadas uma por uma, creio eu que nem no mundo inteiro caberiam os livros que seriam escritos" (João 21:25). Mas isso não é tudo. Há muito mais. A história continua...

---

[1] Ellen G. White, *O Desejado de Todas as Nações* (Tatuí: Casa Publicadora Brasileira, 2001 [CD-Rom]), p. 32.

[2] Justo L. Gonzalez, *Uma História Ilustrada do Cristianismo: A Era dos Mártires* (São Paulo: Vida Nova, 1980), v. 1, p. 16.

[3] Ibid., p. 30.

[4] Sir Isaac Newton, *As Profecias do Apocalipse e o Livro de Daniel* (São Paulo: Pensamento, 2008), p. 26, 33. A edição original do livro foi lançada em 1733 com o título *Observations upon the Prophecies of Daniel, and the Apocalypse of St. John*.

[5] Gleason L. Archer, *Encyclopedia of Bible Difficulties* (Grand Rapids: Zondervan, 1982), p. 291.

[6] Adaptado de *Nisto Cremos*, 8ª ed. (Tatuí: Casa Publicadora Brasileira, 2008), p. 54, 55.

## PARA RECORDAR

**1.** Jesus, a esperança dos séculos, nasceu no tempo certo.

"Vindo, porém, a plenitude do tempo, Deus enviou Seu Filho, nascido de mulher, nascido sob a lei, para resgatar os que estavam sob a lei, a fim de que recebêssemos a adoção de filhos" (Gálatas 4:4, 5).

**2.** O cumprimento preciso das profecias confirma que Jesus é o Messias prometido. Quando Jesus nasceu, um mensageiro celestial anunciou aos pastores da região de Belém que o menino era o Salvador.

"O anjo, porém, lhes disse: Não temais; eis aqui vos trago boa-nova de grande alegria, que o será para todo o povo: é que hoje vos nasceu, na cidade de Davi, o Salvador, que é Cristo, o Senhor" (Lucas 2:10, 11).

**3.** Jesus não era apenas um profeta iluminado. Como Filho de Deus, Ele foi ungido com o Espírito Santo para realizar um poderoso trabalho de libertação dos sofredores.

"Deus ungiu a Jesus de Nazaré com o Espírito Santo e com poder, o qual andou por toda parte, fazendo o bem e curando a todos os oprimidos do diabo, porque Deus era com Ele" (Atos 10:38).

Capítulo 3

# Amor Incomparável

**Na cidade de Dublin**, Irlanda, o jovem Henry Moorhouse vivia entediado de si mesmo. Com 20 anos de idade e uma vida libertina, sozinho e sem esperança de melhorar, estava a ponto de tirar a própria vida. Com uma arma de fogo na mão para acabar com seus dias, inesperadamente escutou uma canção cristã que vinha de outro quarto do modesto hotel em que se hospedava.

Movido pela curiosidade, o angustiado rapaz se dirigiu a esse quarto e ali escutou palavras relacionadas com o amor de Deus que mudariam sua vida para sempre. Abandonou seu intento suicida. A fé se acendeu em seu coração e ele se tornou um cristão genuíno, estudioso diligente das Sagradas Escrituras.

Uma das passagens bíblicas favoritas de Henry era João 3:16, que sintetiza assim a essência do evangelho: "Porque Deus amou ao mundo de tal maneira que deu o Seu Filho unigênito, para que todo o que nEle crê não pereça, mas tenha a vida eterna." Ele se compenetrou tanto nessas palavras que certa vez pregou na cidade de Chicago por sete dias consecutivos sobre diferentes aspectos desse versículo maravilhoso da Bíblia, e em cada ocasião comoveu profundamente os numerosos ouvintes.

Que mensagem contém esse breve texto para despertar tanto interesse e comentário tão extenso? Ele exalta o assombroso amor de Deus, mas não consegue descrevê-lo, simplesmente porque não existem palavras humanas que possam descrever em plenitude o insondável amor do Pai e de Seu Filho Jesus Cristo. Por isso, a passagem citada diz apenas: "Deus amou ao mundo de tal maneira", com tal profundidade, com tanto desprendimento, com tanta abnegação...

Esse amor teve sua máxima expressão quando Jesus ofereceu Sua vida para nos salvar. Trata-se de um amor ilimitado que alcança a todos por igual e que

## AMOR INCOMPARÁVEL 25

Jesus revelou desde a manjedoura até a cruz. Não houve ação Sua que não estivesse impregnada de amor incomparável. E com esse amor Ele quer preencher nossa vida. Não poderíamos receber uma bênção maior nem um presente mais valioso!

**Indescritível**

Assim foi o amor que Cristo veio revelar entre nós. Nossas palavras são demasiadamente pobres para defini-lo. O amor do Senhor foi e continua sendo: inefável, sublime, maravilhoso, inesgotável, terno, imutável, infinito, eterno, excelso, imparcial, imaculado, compassivo, protetor, bondoso, compreensivo, perdoador, inquebrantável, transformador, acessível, amistoso, delicado, triunfante, ativo, poderoso, criativo, imerecido, paciente, convincente, consolador, confiável, purificador, redentor e até fragrante, já que "perfuma" a vida interior de quem o recebe.

Esses adjetivos, positivos como são, apenas tentam descrever o amor insuperável de Jesus, pois que linguagem humana poderia descrever de maneira completa o que é "infinito" e "eterno"? Contudo, faz-nos bem pensar nesses qualificadores do amor divino. Analise sua vida à luz desses adjetivos, e você compreenderá que Deus tem sido bom com você ao longo dos anos. Foi Seu amor que lhe deu alegria e que o susteve nas horas mais adversas.

Repassemos os adjetivos assinalados, com seu respectivo significado:
1. *Inefável:* Um amor que não se pode descrever nem explicar com palavras.
2. *Sublime:* De máxima dimensão moral e espiritual.
3. *Maravilhoso:* Extraordinário, admirável, assombroso.
4. *Inesgotável:* Tão abundante e profundo que não se pode extinguir.
5. *Terno:* Suave, doce, refinado.
6. *Imutável:* É impossível mudá-lo ou diminuí-lo.
7. *Infinito:* Sua dimensão não tem fim, porque procede de Deus.
8. *Eterno:* Imperecível. Sempre igual no tempo.
9. *Excelso:* Não poderia ser mais elevado. Glorioso.
10. *Imparcial:* Um amor que se manifesta a todos, de idêntica maneira, e que assegura a redenção de todos.
11. *Imaculado:* Puro, sem mancha de imperfeição.
12. *Compassivo:* Sensível à nossa dor e às nossas necessidades.
13. *Protetor:* Defende-nos contra todo dano e agressão.
14. *Bondoso:* Cheio de bondade e consideração, generoso e desprendido.
15. *Compreensivo:* Um amor que nos compreende e simpatiza conosco.
16. *Perdoador:* Reconciliador. Apaga e esquece nossos pecados.

17. *Inquebrantável:* Nada nem ninguém o pode quebrar ou destruir.
18. *Transformador:* Transforma a vida de quem o abriga em seu coração.
19. *Acessível:* Não está vedado para ninguém; está ao alcance de todos.
20. *Amistoso:* Bom, solidário e cordial, porque provém de nosso amigo Jesus.
21. *Delicado:* Um amor que combate a rispidez e semeia a delicadeza.
22. *Triunfante:* Na luta da vida nos faz vencedores.
23. *Ativo:* É muito mais que uma atitude de Deus; é Sua obra salvadora e contínua em nosso favor.
24. *Poderoso:* Este amor dá força à alma e nos outorga o poder de Deus.
25. *Criativo:* Não cessa de nos brindar com novas formas de bênçãos.
26. *Imerecido:* É uma graça generosa de Deus; não um merecimento humano.
27. *Paciente:* Um amor que suporta e espera até o fim.
28. *Convincente:* Mais forte que qualquer argumento; mais persuasivo que qualquer eloquência.
29. *Consolador:* É bálsamo para o doente e ânimo para a pessoa abatida.
30. *Confiável:* Um amor seguro, que não trai; sempre está disponível. Sua lealdade não tem limite.
31. *Purificador:* Tira a impureza do coração; limpa a mente de todo mal.
32. *Redentor:* Graças a esse amor divino, está assegurada nossa eterna salvação.
33. *Fragrante:* Quando o amor divino controla o coração, exala o aroma da bondade e da presença de Deus na vida.

Quantos outros adjetivos poderiam ter integrado essa lista! Mas bastam os que incluímos para assinalar o caráter insondável e inamovível do amor do Senhor para conosco, um amor no qual sempre podemos confiar. Não importam as provas que sofremos, o amor de Jesus nos sustentará em todos os momentos. Sua ajuda nos fará fortes e Sua leal companhia nos dará felicidade.

**Amor multidimensional**

O Senhor afirma: "Com amor eterno Eu te amei; por isso, com benignidade te atraí" (Jeremias 31:3). Quão estável e eterna é a bondade de Deus em nosso benefício! O Senhor não muda nem tem altos e baixos (Hebreus 13:8). E tampouco muda Seu amor para conosco. O amor de uma mãe pode fraquejar, mas não o de Cristo. A Bíblia declara: "Acaso, pode uma mulher esquecer-se do filho que ainda mama, de sorte que não se compadeça do filho do seu ventre? Mas ainda que esta viesse a se esquecer dele, Eu, todavia, não Me esquecerei de ti! Eis que nas palmas das Minhas mãos te gravei; os teus muros estão continuamente

## AMOR INCOMPARÁVEL   27

perante Mim" (Isaías 49:15, 16). Terno e solícito como possa ser o amor de uma mãe, é apenas um pálido reflexo do amor profundo e generoso de Cristo. Como demonstração desse amor, o Senhor mostra as "palmas" de Suas mãos, onde estão as cicatrizes de Sua crucifixão, que nos relembram a magnitude de Seu amor redentor.

Ao meditar na força espiritual desse amor, Paulo escreveu: "O amor de Cristo nos constrange" (2 Coríntios 5:14), ou, como dizem outras versões, "nos impulsiona", "nos move", "nos domina", "nos controla".

Em contraste com o egoísmo humano, que submete e arruína, o amor de Cristo nos impulsiona em direção à liberdade, à retidão e ao regozijo da vida; guia-nos para a redenção e nos distancia da destruição. Assim é a experiência de quem vive impulsionado pelo poderoso amor do Senhor. Como disse S. Songh: "Sem Cristo eu era como um peixe fora da água. Com Cristo estou num oceano de amor."

Foi também Paulo quem deu este valioso conselho: "Assim, habite Cristo no vosso coração, pela fé, [...] a fim de poderdes compreender, com todos os santos, qual é a largura, e o comprimento, e a altura, e a profundidade e conhecer o amor de Cristo, que excede todo entendimento, para que sejais tomados de toda a plenitude de Deus" (Efésios 3:17-19).

*Jesus não negava Sua amizade a ninguém, nem sequer aos mais indignos.*

Essa é a dimensão múltipla e completa do amor do Salvador. Um amor inesgotável que nasce e permanece quando o Senhor mora em nosso coração. É tão profundo que a mente humana não o entende até que o coração esteja cheio dele.

### Amigo dos pecadores

Por ser tão profundo, o amor de Jesus nem sempre era compreendido. Seus inimigos diziam que Ele recebia os pecadores e que comia com eles (Lucas 15:2). Em outra ocasião, Jesus mencionou o que Seus inimigos falavam: "Eis aí um glutão e bebedor de vinho, amigo de publicanos e pecadores" (Mateus 11:19). Essa grave denúncia estava correta? Era uma calúnia sem fundamento elaborada no coração corrompido de Seus invejosos inimigos. Tinha como propósito desmerecer o bom nome e a popularidade do Mestre.

Jesus não negava Sua amizade a ninguém, nem sequer aos mais indignos, e não Se envergonhava de comer com eles, porque desejava ajudá-los a mudar.

Por isso, sem querer, os inimigos de Jesus não fizeram outra coisa além de elogiá-Lo quando O chamaram de "amigo de publicanos e pecadores". Ele era o amigo que elevava os maus, sem Se contagiar.

Imaginemos um encontro de Jesus com um desses seres desprezados da sociedade. Os "publicanos" eram os cobradores de impostos a serviço do poder romano. Com frequência, eles cobravam mais do que o estipulado e eram vistos como ladrões do povo. Já os "pecadores" eram malfeitores de diferentes espécies. Ali estava Jesus com eles, compartilhando a mesma mesa em algum lugar reservado ou em alguma casa particular, sem preconceito nem hesitação.

Jesus ouvia com interesse esses homens vencidos pelo mal. Olhava-os com simpatia, e, quando surgia alguma pergunta, sugeria uma resposta. Caso contrário, Ele mesmo formulava uma pergunta que os fazia pensar e lhes tocava o coração. Ali estava o grupo: dez, vinte, talvez mais. Jesus não Se espantava com o que diziam. Ele continuava escutando o que contavam e, quando se levantavam da mesa, reinava um breve silêncio. Os publicanos e pecadores ali reunidos já se sentiam melhor com o toque amistoso que recebiam de Jesus, e alegres pensavam num próximo encontro.

Jesus continuava dizendo: "Não vim chamar justos, e sim pecadores" (Marcos 2:15-17). Sua obra de amor é convidar os pecadores para se distanciar do mal e desfrutar uma vida justa e redimida por Ele.

Não importa se você se encontra preso no lodo da maldade, vítima do vício escravizador, afligido pelos constantes problemas, desprezado por aqueles que o rodeiam, ou vazio por sua falta de fé, para tudo isso Jesus tem a solução mediante Seu amor compreensivo, perdoador e transformador. Lembre-se: Ele "recebe os pecadores" e os justifica.

O que é pecado? Quando o salmista Davi escreveu: "Pequei contra Ti, contra Ti somente, e fiz o que é mal perante os Teus olhos, de maneira que serás tido por justo no Teu falar e puro no Teu julgar" (Salmo 51:4, NVI), nos ofereceu uma clássica definição de que o pecado é fundamentalmente um ato de oposição à vontade de Deus. Além disso, a Bíblia afirma que "o pecado é a transgressão da lei" (1 João 3:4), e o saber fazer o bem e não o fazer (Tiago 4:17), e "tudo o que não provém da fé" (Romanos 14:23). Em termos amplos, pecado é qualquer desvio da vontade conhecida de Deus, seja ao descuidar-se do que ordenou explicitamente ou ao fazer o que proibiu especificamente.

Infelizmente, você e eu também não estamos livres do pecado, pois ele afetou toda a humanidade. A pecaminosidade é um fenômeno universal. "Todos pecaram e carecem da glória de Deus", diz o apóstolo Paulo (Romanos 3:23).

O pecado controla nosso coração e envolve tanto nossos pensamentos quanto nossas ações. Seus efeitos são terríveis. Felizmente, o pecado tem solução. O antídoto contra o pecado e a culpa que ele produz é o perdão (Mateus 6:12), que gera uma consciência limpa e paz mental. Os evangelhos afirmam que Jesus está ansioso para conceder Seu perdão aos pecadores arrependidos, e o poder necessário para mudar nossos pensamentos e nosso estilo de vida.

Apesar de nossos fracassos, Jesus continua Se comunicando com todos, em todo lugar: no local de trabalho, no lar, no esporte, na igreja, enquanto viajamos ou caminhamos pela cidade. Você pode escutar Sua voz? Cultiva a amizade com Ele? Já viu quantas mudanças pode produzir o Senhor em sua vida? A Bíblia promete: "Se alguém está em Cristo, é nova criatura; as coisas antigas já passaram; eis que se fizeram novas" (2 Coríntios 5:17).

**A grande parábola**

A busca de Deus pelos pecadores foi muito bem retratada na parábola do filho perdido. O rapaz ingrato foi para longe de seu lar. Mas antes pediu ao pai a herança que, segundo sua mente egoísta, lhe pertencia por direito, e o pai deu o que ele queria.

Com todo o dinheiro recebido, o novo rico foi com seu desamor e sua soberba a uma província distante. Ali, durante um tempo, se relacionou com amigos libertinos e viveu alucinado com o prazer do pecado. Mas essa conduta foi consumindo seu dinheiro, até que o perdeu completamente. Quando isso aconteceu, perdeu também os amigos, e começou a procurar trabalho, pelo menos para comprar comida.

Não foi fácil para o rapaz encontrar trabalho. Por fim, aceitou a indesejada tarefa de cuidar de porcos num chiqueiro. E ali não conseguia sequer alimentar-se com a comida dos porcos. Sozinho, angustiado e faminto, sentiu-se indigno e miserável.

Então, em tal condição de carência total, o jovem "caiu em si", e pensou: "Quantos empregados de meu pai têm comida de sobra, e eu aqui, morrendo de fome! Eu me porei a caminho e voltarei para meu pai, e lhe direi: Pai, pequei contra o céu e contra ti. Não sou mais digno de ser chamado teu filho; trata-me como um dos teus empregados" (Lucas 15:17-19, NVI).

E assim, com humildade, sem pretensões, e reconhecendo seu erro de filho rebelde, o rapaz abandonou o chiqueiro sujo e iniciou a viagem de volta ao seu lar. Não levava consigo mais que farrapos e vergonha. Sua culpa o afligia, mas seu genuíno arrependimento lhe dava esperança de ser perdoado. Difícil e lenta foi essa viagem de regresso. As incógnitas estavam em sua mente: "Papai me perdoará? Ele me aceitará de novo em casa? E se não me receber?" Mas o pai conservava um amor afetuoso por seu filho, e, quando o avistou à distância, foi correndo em sua direção, o abraçou e o beijou. Um encontro comovente! O filho foi totalmente perdoado, e foi organizada uma grande festa de boas-vindas e reconciliação. O pai exclamou com júbilo: "Este meu filho estava morto e reviveu, estava perdido e foi achado" (Lucas 15:11-24).

Essa história é um esboço do maravilhoso amor de Deus em favor de Seus filhos. Não importa quanto nos rebelemos contra Deus, nem quão libertina tenha sido nossa conduta, o Pai continua nos amando e oferecendo Seu perdão. Não há limite para o generoso amor de Deus. Ele nos ama ainda que não O amemos; perdoa-nos ainda que não o mereçamos; chama-nos mesmo que não respondamos; quer nos transformar ainda que não o peçamos; deseja nos salvar mesmo que não valorizemos o custo infinito de nossa salvação.

O amor do Pai para conosco é profundo e abnegado. Ele Se deleita quando estamos com Ele e modela nosso caráter para continuar estando ao Seu lado pela eternidade. Quando você crer que lhe falta o amor dos demais, lembre-se de que Deus continua amando você ternamente. Como o pai recebeu com tanto carinho seu filho pródigo, assim nosso Pai celestial abre Seus braços para nos envolver com Seu amor inefável.

Mas isso não é tudo. Há muito mais para ver e pensar. A história continua...

### PARA RECORDAR

1. O maravilhoso amor de Deus pelo mundo foi expresso pela dádiva de Seu Filho amado.
"*Porque Deus amou ao mundo de tal maneira que deu o Seu Filho unigênito, para que todo o que nEle crê não pereça, mas tenha a vida eterna*" (João 3:16).

2. Jesus, representando o Pai, era amigo dos pecadores, pois veio para salvá-los e transformá-los.
"*O Filho do Homem veio buscar e salvar o perdido*" (Lucas 19:10).

3. Não há limites para o generoso amor de Deus. A morte de Cristo em nosso lugar é a grande prova do amor divino por nós.
"*Mas Deus prova o Seu próprio amor para conosco pelo fato de ter Cristo morrido por nós, sendo nós ainda pecadores*" (Romanos 5:8).

Capítulo 4

# O Mestre da Esperança

**Nunca existiu** um mestre como Jesus. Ele ensinava verdades de valor permanente, que até hoje surpreendem por sua vigência. Sua palavra era construtiva e cheia de esperança. Não apenas instruía, mas mostrava como viver melhor. O ensino de Jesus não consistia em opiniões, conjecturas, suposições ou ideias emprestadas de outros pensadores. Não repetiu os discutíveis conceitos religiosos ou filosóficos que prevaleciam em Seus dias. Ensinava com acerto e autoridade, e as pessoas se sentiam melhores depois de ouvi-Lo. Nunca pronunciou um erro, nem Se distanciou da verdade mais pura.

Todo o tempo o Mestre estava ensinando: nos caminhos, no templo, a partir de um barco, sobre um monte, nas casas, nas cidades e ainda em inesperadas conversas pessoais.

Falando de Jesus como Mestre, o escritor incrédulo Lecky não pôde deixar de dizer: "Três curtos anos tiveram mais influência para melhorar e regenerar a humanidade que todas as pesquisas filosóficas e todas as exortações dos moralistas." Quanto necessitamos aprender do divino Mestre! Ele deseja que sejamos alunos em Sua escola de amor e de verdade.

## Modelo para os discípulos

Chegou a ocasião em que o Mestre começou a formar o grupo de discípulos. Pedro, André, João e Tiago eram pescadores, e prontamente aceitaram o convite de seguir a Jesus (Mateus 4:18-22). Mateus era publicano (cobrador de impostos), e ele também aceitou no ato o convite de Jesus (Mateus 9:9). Com certeza, os outros discípulos eram pessoas ocupadas também, às quais o Senhor estendeu o mesmo convite, seguido de igual resposta.

Mas nenhum do grupo se destacou no início pela bondade de seu caráter. João e Tiago eram tão explosivos e vingativos que foram chamados de "filhos do trovão". Pedro era conhecido no grupo por seus frequentes rompantes. Tomé era instável e necessitava de tempo para crer.

Todos os discípulos eram ambiciosos e aspiravam com egoísmo ao melhor cargo, à melhor posição. Contudo, o Mestre viu neles grandes possibilidades de transformação. Não os viu como eram, mas como poderiam ser mediante o toque de Sua graça e Sua constante orientação. Assim, com a mesma compreensão, vê hoje também a mim e a você porque nos ama, e quer nos renovar com Sua amizade.

Junto ao Senhor, os discípulos foram mudando. Dia após dia, aprenderam dos ensinamentos e do exemplo do Mestre. A influência que Ele exerceu sobre eles foi tão grande que, anos depois, Seus inimigos, "sabendo que eram homens iletrados e incultos, admiraram-se; e reconheceram que haviam eles estado com Jesus" (Atos 4:13). A curta permanência junto ao Mestre tinha mudado a vida dos discípulos, e até seu modo de falar e agir. A mudança era genuína porque "haviam eles estado com Jesus".

O Mestre conserva atualmente o mesmo poder. Assim como transformou Seus discípulos de ontem, quer nos transformar hoje. Seja qual for sua debilidade, tendência ou queda, Ele quer influir sobre sua vida e lhe dar um rumo melhor. Não importa qual seja sua origem nem quais são seus antecedentes, o Senhor convida você a ser uma pessoa renovada e feliz, com nova esperança para a vida.

Assim como chamou André, Pedro, João e seus amigos, Jesus nos chama para o discipulado. Um discípulo era um estudante que acompanhava o mestre para aprender dele na prática e depois transmitir sua filosofia e ensino a outros. Jesus deseja hoje que você conviva com Ele, incorpore Seus ensinos em sua vida e os transmita aos outros.

## Oportunidade para o traidor

Entre os doze, havia um discípulo traidor: Judas. Embora aparentasse lealdade a Jesus, buscava apenas a conveniência de seu coração egoísta. Ao que parece, foi ele que pediu para ser aceito no grupo. Jesus, em vez de rejeitá-lo, limitou-Se a dizer-lhe: "As raposas têm seus covis, e as aves do céu, ninhos; mas o Filho do Homem não tem onde reclinar a cabeça" (Mateus 8:19, 20). Com isso, o Mestre insinuou com delicadeza a Judas que este não conseguiria vantagens econômicas em segui-Lo, pois Sua obra era de caráter espiritual, não material.

Judas foi aceito. Seu Mestre o tratou muito bem e o tolerou sem nenhuma reprovação. Na última cena do grupo, quando Jesus lavou os pés de todos os

## O MESTRE DA ESPERANÇA

discípulos, também lavou os de Judas. Contudo, nem sequer com esse gesto enternecedor Judas se sensibilizou. Continuou adiante com seu plano traidor, e naquela mesma noite deu em Jesus o beijo abominável da entrega. Como única reação, o Mestre lhe disse: "Amigo, para que vieste?" (Mateus 26:50).

Judas era fingido, mas sua hipocrisia e dissimulação não durariam muito tempo. Ele, que amava tanto o dinheiro, tentou realizar seu melhor "negócio" vendendo Jesus por trinta miseráveis moedas de prata, o preço de um escravo daquela época! Mas seu "negócio" voltou-se contra ele, tanto que acabou tirando a própria vida. De nada lhe serviu a traição, nem esse vil dinheiro, que tardiamente devolveu.

Quantas oportunidades teve Judas de abandonar seu terrível plano! Mas a cobiça foi sua perdição. Pareceu se esquecer de todos os ensinos de Jesus que condenavam o espírito materialista dos homens (Lucas 9:25; 12:15-21; Mateus 6:19-21). Não ouviu os chamados à sua consciência provenientes de Deus. Não lhe importaram os muitos olhares e palavras dirigidas a seu coração pelo próprio Mestre para desviá-lo de sua infame traição.

*Jesus trabalha em nosso coração e nos impulsiona a viver com integridade e transparência.*

Judas, como você pôde abrigar no coração semelhante traição? Assim pagou ao Senhor toda a bondade que Ele lhe demonstrou? Você tanto calou a voz de sua consciência que não soube parar a tempo? Ou imaginava que Jesus Se livraria da cruz e que você tranquilamente ficaria com o dinheiro? Quanto você se equivocou, Judas! Ao vender o Filho de Deus, não podia ter cometido um erro maior! E quanto isso lhe custou!

Entretanto, se abominável foi a ação do traidor, nobre e admirável foi a atitude de Jesus. É comovente saber que o Mestre teve tanta consideração com Judas. Até o chamou de "amigo" no instante da traição. Não é esse amor digno de louvor e Sua mansidão digna de imitação?

Quantas oportunidades nos dá o Senhor para corrigirmos nossos erros e abandonarmos nossas maldades! Ele deseja nos ajudar para tal fim. Trabalha em nosso coração e nos impulsiona a viver com integridade e transparência.

Toda vez que você quiser desfrutar uma vida melhor, sem que a maldade o domine, lembre-se de que o Mestre não mudou. Você pode se achegar a Ele com fé e ter a mesma bênção que os discípulos do passado. Ele nos ama. E nós também O amamos?

## Amizade incomparável

O pregador havia terminado de apresentar sua conferência religiosa diante de um numeroso público na cidade de Paris. À saída, um dos ouvintes se aproximou do orador e disse: "Poderei esquecer quase tudo que você disse, menos a essência de suas palavras: 'Para mim, a religião cristã consiste em que Jesus e eu somos amigos.'"

Jesus supera, de longe, nosso melhor amigo. Ele tem a incomparável capacidade de compreender cada um individualmente. Assumiu a natureza humana para Se identificar com nossas necessidades. Ele pode compreender quem não tem o que comer, porque Ele mesmo ficou sem alimento durante quarenta dias seguidos (Mateus 4:2). Identifica-Se com o sedento no deserto, porque Ele também teve sede (João 19:28). Ele entende o que dorme profundamente por causa do cansaço, porque Ele passou por essa experiência (Mateus 8:24).

Não há situação – por estranha ou desagradável que seja – que Jesus não a tenha vivido. Ele Se cansou na viagem (João 4:6), chorou de dor (João 11:35) e chegou a dizer: "A Minha alma está profundamente triste até a morte" (Mateus 26:38).

Esses poucos dados, oferecidos pelos próprios discípulos que conviveram com Jesus, nos mostram a plena humanidade do Mestre. Revelam que Ele foi semelhante a nós (Hebreus 2:17; 4:15), o que nos permite senti-Lo mais próximo, mais capacitado para colocar-Se em nosso lugar, e mais disposto a aliviar nossas cargas.

Pense num motivo que hoje esteja afligindo seu coração, e lembre-se de que Jesus já provou antes essa mesma taça de aflição. Quem melhor que Ele, então, para compreender-nos e socorrer-nos na hora da provação?

## Mestre exemplar

A conduta de Jesus foi pura e perfeita. A Bíblia declara que Jesus foi "tentado em todas as coisas, à nossa semelhança, mas sem pecado" (Hebreus 4:15). Não há aspecto em Seu caráter no qual haja fraquejado ou falhado. Por quem Jesus foi tentado? Pelo inimigo, Satanás.

Quando e como se originou esse conflito entre Cristo e Satanás? A Bíblia afirma que Lúcifer, "o filho da alva", residia na presença de Deus (Isaías 14:12). É dito dele: "Tu és o sinete da perfeição, cheio de sabedoria e formosura. [...] Perfeito eras nos teus caminhos, desde o dia em que foste criado até que se achou iniquidade em ti" (Ezequiel 28:12, 15). A partir daí, Satanás se dedicou a gerar uma rebelião (Apocalipse 12:4). A paz do Universo foi quebrantada, e "houve peleja no Céu" (v. 7). Como resultado do conflito celestial, Satanás "foi atirado para a Terra, e, com ele, os seus anjos" (v. 9).

Depois de Satanás ter sido expulso do Céu, dedicou-se a estender sua rebelião a nosso mundo. Foi assim que conseguiu conquistar a confiança que Adão e Eva, o primeiro casal criado, tinham em seu Criador (Gênesis 3:5), induzindo-os a desobedecer à ordem de Deus. Ao seduzir Adão e Eva e fazê-los pecar, Satanás lhes arrebatou seu domínio sobre o mundo, afirmando agora ser "o príncipe deste mundo".

Desde que Adão e Eva decidiram desobedecer a Deus (Gênesis 3:1-7), a situação do mundo se complicou. Toda a humanidade está agora envolta num grande conflito entre Cristo e Satanás com respeito ao caráter de Deus, a lei divina e a soberania do Criador sobre o Universo.

As tentações que Cristo teve que enfrentar durante Seu ministério na Terra revelaram quão séria é a controvérsia sobre a obediência e a entrega da vontade a Deus. No deserto, depois de Cristo ter jejuado por 40 dias, Satanás O tentou a transformar as pedras em pão para provar que era o Filho de Deus (Mateus 4:3). Assim como Satanás tinha tentado Eva, fazendo com que ela duvidasse da Palavra de Deus no Éden, também procurou fazer com que Cristo duvidasse da validade do que Deus tinha dito na ocasião de Seu batismo: "Este é o Meu Filho amado, em quem Me comprazo" (Mateus 3:17).

Mas a maior prioridade de Cristo era viver pela Palavra de Seu Pai. Apesar de Sua grande necessidade de alimento, respondeu à tentação de Satanás, dizendo: "Não só de pão viverá o homem, mas de toda palavra que procede da boca de Deus" (Mateus 4:4).

Desse modo, Jesus nunca foi vencido pela tentação (Mateus 4:1-11). Pedro afirma que Jesus "não cometeu pecado, nem dolo algum se achou em Sua boca" (1 Pedro 2:22). Em sua estreita relação com o Mestre, o discípulo teve oportunidade de sobra para observar as ações e reações de seu Senhor, e em nenhuma delas encontrou uma falta ou um erro sequer. Por isso, diz esse mesmo discípulo, Jesus nos deixou exemplo, para seguirmos "os Seus passos" (1 Pedro 2:21).

Jesus foi tentado de maneira muito mais intensa do que nós, mas venceu. Apesar dos ataques do inimigo, Ele não fracassou. A tentação é uma estratégia que Satanás usa para alcançar seu objetivo de desviar a pessoa de Deus e do caminho certo. A boa notícia é que, se resistirmos, pelo poder de Deus, o inimigo vai embora. Diz Tiago (4:7): "Sujeitai-vos, portanto, a Deus; mas resisti ao diabo, e ele fugirá de vós." Assim como Jesus venceu o inimigo, nós também podemos vencê-lo. Deus nos dá poder para isso, se submetermos nossa vida a Ele. Só não podemos lutar sozinhos.

Enfatizando a abnegação, a humildade e a obediência de Jesus, Paulo aconselha:

"Tende em vós o mesmo sentimento que houve também em Cristo Jesus" (Filipenses 2:5). "Sentir" como Ele é viver como Ele. Esse é o ideal do verdadeiro seguidor de Cristo.

Assim procurou viver uma mulher cristã diante de seu marido que se jactava por ser ateu. O homem zombava da fé da esposa e até se opunha a que ela frequentasse a igreja. No lar não havia paz nem alegria. Enquanto o esposo apregoava a suposta superioridade de seu ateísmo, sua mulher procurava viver com a maior piedade possível.

Chegou o dia em que o homem fez esta confissão: "Durante muito tempo, li diversos livros em favor do cristianismo e nenhum deles me convenceu. Mas ultimamente tenho tido um livro aberto em meu lar, que não posso refutar. Esse livro é a conduta exemplar de minha esposa."

O que fez essa mulher a não ser imitar a conduta de seu Senhor? E, ao seguir assim o exemplo de Jesus, revelou a força da fé cristã e venceu a incredulidade do marido. Que grande desafio para todo crente! Devemos seguir as pisadas do Mestre e viver como Ele viveu. Isso significa levar Cristo no coração.

## Além de Mestre

Como nenhum outro, o discípulo João recorda algumas das frases mais descritivas que Jesus utilizou para Se referir a Si mesmo. Em todos os casos, essas frases começam com as palavras *"Eu sou"*. Cristo não disse "Eu *tenho*", "Eu *faço*", "Eu *posso*", mas *"Eu sou"*, para indicar a própria essência de Seu caráter e a obra transcendente que tinha vindo cumprir. Vejamos algumas dessas frases:

1. *"Eu sou o pão da vida"* (João 6:35). Curiosamente, Jesus repete essas palavras nos versículos 48 e 51. Sem dúvida, Ele queria destacar Seu anelo de alimentar o coração faminto do ser humano. Naqueles dias, como hoje, havia muita gente com fome espiritual, que não sabia como preencher o vazio de seu ser. E a magnífica declaração de Jesus foi uma resposta a essa necessidade profunda e generalizada.

Você tem fome espiritual? Confie no Senhor, aproxime-se dEle com fé e peça-Lhe "o pão" para seu coração. De maneira providencial, Ele lhe dará plenitude espiritual, força física e entendimento para saber agir.

2. *"Eu sou a luz do mundo"* (João 8:12). O que é melhor que a luz para dissipar a escuridão? E, quando é o coração que está escuro, a luz que brota de Jesus afasta as trevas e dá brilho à vida. Aquele que no princípio disse "Haja luz" e existiu a luz tem poder de sobra para eliminar as sombras, as angústias e os pesares do coração. Lembre-se disso em suas horas de necessidade espiritual.

3. *"Eu sou a porta"* (João 10:7, 9). Jesus é a porta de entrada ao reino de Deus. É também a porta aberta pela qual podemos passar para conhecer as delícias do amor, a felicidade e a paz de Deus. A vida pode nos fechar muitas portas, mas Jesus nos franqueia amigavelmente Sua porta para assegurar nossa redenção. Entre por ela! Está aberta para você!

4. *"Eu sou o bom pastor"* (João 10:11, 14). Essa expressão alude ao divino Pastor, que com amor cuida e apascenta Suas ovelhas. E as "ovelhas" somos eu e você, que recebemos a proteção e a bênção do Pastor. Quando nossas forças decaem, ou a insegurança nos aflige, Jesus Se aproxima de nós para nos fortalecer o coração. O lugar mais seguro é sempre junto dEle!

5. *"Eu sou a ressurreição e a vida"* (João 11:25). Diante da dor causada pela morte, o Senhor nos consola e Se apresenta como a fonte da vida. Assegura-nos a gloriosa ressurreição e a eternidade em Seu reino. Ele venceu a morte, e Sua tumba ficou vazia. É essa a vitória que Ele oferece a quem O aceita pela fé como Salvador. Graças a Ele, a morte é um inimigo derrotado.

6. *"Eu sou o caminho, e a verdade e a vida"* (João 14:6). Jesus continua mantendo vigentes essas palavras. Ele é o *caminho* para não perdermos o rumo quando nos extraviamos na manhã da vida. É a *verdade* que nos faz justos e nos ajuda a rejeitar toda forma de engano, mentira e erro.

**Conviver com Jesus, mediante a fé, assegura nossas maiores vitórias.**

É a *vida* divina que nos torna felizes e salvos para sempre. Transite por esse *caminho*, pratique essa *verdade* e aceite essa *vida* no íntimo do seu coração!

7. *"Eu sou a videira, vós, os ramos"* (João 15:5). A videira era uma planta importante e muito apreciada na Palestina. Jesus Se compara a ela para destacar Sua relação conosco. Ele é a planta, com a raiz e o tronco, e nós somos os ramos, com os cachos que representam o fruto de nossa conexão com Ele. Qual é sua relação espiritual com Cristo? Quais são os frutos da sua fidelidade a Ele?

Depois dessas sete declarações do próprio Jesus, você O conhece agora um pouco mais? Se Ele é nosso grande Mestre da esperança, não deveríamos conhecê-Lo melhor, assim como Ele mesmo Se apresenta? Conviver com Jesus, mediante a fé, assegura nossas maiores vitórias.

## Vitória possível

O imperador romano Juliano, o Apóstata (331-363), abandonou o cristianismo no qual havia sido criado e fez vãs tentativas para restabelecer o paganismo em todo o império. Iniciou cruéis perseguições contra os cristãos, e, depois de derramar muito sangue inocente, certa vez perguntou com tom desafiador a um cristão: "E agora, o que está fazendo o carpinteiro de Nazaré?" O cristão respondeu com brandura: "Está cortando a madeira para fazer seu caixão."

Essas fatídicas palavras se cumpriram pouco tempo mais tarde, enquanto Juliano agonizava no campo de batalha contra os persas. Então, segundo se afirma, compreendendo que sua vida se esgotava, tomou um punhado de seu próprio sangue e, lançando-o para o céu, gritou desesperadamente: "Você venceu, Galileu!"

Jesus sempre vence. Não há maior vencedor que Ele! Todos os Seus inimigos fracassaram. E o admirável é que Ele compartilha Sua vitória conosco. Embora vivamos no mundo, não somos deste mundo. Por isso, Jesus rogou por nós diante do Pai: "Não peço que os tires do mundo, e sim que os guardes do mal." A Bíblia ensina que Satanás é "o príncipe deste mundo" (João 16:11), mas Jesus afirmou: "No mundo passais por aflições; mas tende bom ânimo; Eu venci o mundo" (v. 33). Assim, Deus "nos dá a vitória por intermédio de nosso Senhor Jesus Cristo" (1 Coríntios 15:57).

Ele supre nossas necessidades, atende nossas fraquezas e nos faz vencedores sobre o mal. É nosso poderoso Defensor e Redentor (Hebreus 2:18). Mas isso não é tudo. Resta muito para dizer e recordar. A história continua...

### PARA RECORDAR

1. Jesus foi o maior Mestre que já passou pelo planeta. Ele falava com autoridade divina.
"*Quando Jesus acabou de proferir estas palavras, estavam as multidões maravilhadas da Sua doutrina; porque Ele as ensinava como quem tem autoridade e não como os escribas*" (Mateus 7:28, 29).

2. Como Mestre inigualável, Jesus ainda hoje nos convida para sermos Seus discípulos.
"*Então, disse Jesus a Seus discípulos: Se alguém quer vir após Mim, a si mesmo se negue, tome a sua cruz e siga-Me. Porquanto, quem quiser salvar a sua vida perdê-la-á; e quem perder a vida por Minha causa achá-la-á*" (Mateus 16:24, 25).

3. Mais do que um Mestre, Jesus é o único caminho para Deus.
"*Respondeu-lhe Jesus: Eu sou o caminho, e a verdade, e a vida; ninguém vem ao Pai senão por Mim*" (João 14:6).

**Capítulo 5**

# Palavras de Esperança

**Jesus foi um exemplo** admirável de sábia comunicação. Sua palavra era atraente e convincente. Ele abordava temas práticos e transcendentes com uma linguagem que o povo podia entender. Utilizava termos simples do dia a dia para apresentar verdades profundas.

No vocabulário habitual do Mestre apareciam palavras como *pão, água, fermento, sal, azeite, fogo, luz, semente, semeadura, colheita, trabalho, descanso...* E, com Sua fala familiar, guiava a mente de Seus ouvintes do conhecido ao desconhecido, do material ao espiritual, do temporal ao eterno. Assim saciava Jesus a sede interior dos que O escutavam, e semeava esperança no coração deles.

**Palavra segura**

As multidões escutavam com avidez a voz clara e sonora do Senhor. Vinham de longe para escutá-Lo. As pessoas não queriam perder nenhuma das palavras que fluíam de Seus lábios. Suas notáveis parábolas inculcavam ensinos que os ouvintes continuavam recordando e comentando entre si.

Eram tantas as pessoas que desejavam escutar Jesus que nem sempre era fácil encontrar um lugar adequado para a multidão. Por isso, certa vez em que o espaço foi insuficiente, o Senhor "entrou num barco e Se assentou; e toda a multidão estava em pé na praia" (Mateus 13:2). Em outra ocasião, devido ao numeroso público, o Mestre apresentou um sermão singular a partir de um monte (Mateus 5:1).

Se o povo escutava com prazer Jesus durante horas, era porque Seus temas tocavam o coração. Ele falava das necessidades de Seus contemporâneos, e disso extraía as melhores lições espirituais. Se hoje Ele estivesse fisicamente entre nós, Seus temas seriam tão relevantes e oportunos como no passado.

Jesus falava com autoridade, certeza e convicção. Nunca disse: "Tenho a impressão de que...", "Me parece que...", "É provável que..." ou "É necessário pesquisar melhor sobre esse assunto". Ao contrário, Seu ensino era seguro, e não deixava lugar à dúvida. Com frequência, dizia: "Asseguro...", "Em verdade te digo...". As palavras do Mestre tinham peso próprio, o peso da verdade, o peso de Sua divindade.

Os ouvintes "maravilhavam-se da Sua doutrina, porque os ensinava como quem tem autoridade e não como os escribas" (Marcos 1:22). Isso incomodava sobremaneira a liderança religiosa. Por isso, "os fariseus [...] juntamente com os principais sacerdotes enviaram guardas para O prenderem" (João 7:32). Quando os "guardas" regressaram sem Jesus, a pergunta foi: "Por que não O trouxestes?" E a notável resposta foi: "Jamais alguém falou como este Homem" (v. 45, 46). Tão fascinados estavam esses agentes do mal diante do sermão do Mestre que simplesmente não puderam prendê-Lo. A palavra de Cristo falou-lhes ao coração. Foram tocados por ela, e terminaram ficando desarmados na tentativa maldosa.

A sabedoria espiritual de Jesus vinha diretamente de Deus, mas era profundamente enraizada no Antigo Testamento, a Bíblia hebraica usada pelos judeus em Seus dias. Jesus tinha um profundo respeito pela Escritura. Ele a considerava a palavra inspirada de Deus e a citava em vários contextos. Sua mensagem era impregnada pelos ensinos dos escritos sagrados. Mais que isso, Cristo sabia que Ele era o foco da Bíblia. Por isso, disse aos líderes judeus: "Examinais as Escrituras, porque julgais ter nelas a vida eterna, e são elas mesmas que testificam de Mim" (João 5:39).

Os discípulos e apóstolos de Cristo não somente viam o Antigo Testamento como a palavra revelada de Deus, mas também legaram à igreja e ao mundo um novo corpo de escritos sagrados, o Novo Testamento. Eles registraram as palavras e os atos de Jesus nos evangelhos e escreveram cartas e livros que foram reconhecidos como inspirados. A combinação desses escritos novos e antigos deu origem ao livro sagrado dos cristãos e se transformou na obra mais vendida e influente da história.

Contudo, na visão dos autores bíblicos, a Escritura Sagrada não é apenas um grande *best-seller* mundial. Trata-se da autêntica revelação da verdade divina. Segundo o apóstolo Pedro, "homens [santos] falaram da parte de Deus, movidos pelo Espírito Santo" (2 Pedro 1:21). Eles escreveram com suas próprias palavras, de acordo com seu estilo e sua cultura, mas, ainda assim, seus escritos são o testemunho de Deus. A afirmação do apóstolo Paulo de que "toda Escritura é inspirada por Deus e útil para o ensino" (2 Timóteo 3:16) reflete o alto conceito que a Bíblia gozava entre os primeiros cristãos. A palavra grega *theopneustos*, traduzida como "inspirada", significa "soprado por Deus", "proveniente do fôlego de Deus". Por ser de origem divina, a Bíblia tem tanto poder para transformar vidas.

# PALAVRAS DE ESPERANÇA 41

Ao mesmo tempo leitor e personagem central das Escrituras, Jesus tem tido encontros com milhões de leitores através das páginas sagradas. Você também pode encontrá-Lo por meio da Bíblia.

Até hoje, a Palavra de Cristo tem o mesmo efeito. Pode-se mostrar hostilidade para com ela, negar seu valor e vigência, mas, quando ela é ouvida ou estudada com sinceridade, o coração se enternece e a vida é transformada. Desaparece o desprezo inicial para com a Palavra divina, e nasce o amor por ela.

Faça a prova quando tiver dúvidas ou seu coração precisar de fé; quando um problema o quebrantar e fizer você perder as forças; quando o desânimo lhe roubar a esperança; ou quando pensar que sua causa está perdida. Leia com atenção nos evangelhos uma parte das palavras de Jesus, e elas tocarão de tal maneira seu coração que as sombras desaparecerão.

Com razão é-nos dito que "a Palavra de Deus é viva, e eficaz, e mais cortante do que qualquer espada de dois gumes, e penetra até ao ponto de dividir alma e espírito, juntas e medulas, e é apta para discernir os pensamentos e propósitos do coração" (Hebreus 4:12).

O mesmo Mestre que no passado comoveu com Sua palavra falada as multidões, hoje pode, com Sua Palavra escrita, comover seu coração e enchê-lo de fé, paz e bem-estar. Reúna as palavras do Senhor no coração, e elas levarão nova vida ao seu ser!

*A virtude consiste em praticar o bem que conhecemos.*

### Duas atitudes possíveis

"Não se banhe nesse lago, pois suas águas são muito perigosas. Há muitos redemoinhos!" Assim uma boa mãe aconselhava seu filho único, um jovem de 19 anos. E, como resposta ao insistente pedido de sua mãe, ele disse: "Mamãe, só uma vez. Prometo que não irei mais."

E, de fato, aquela foi a última vez. Um dos temíveis redemoinhos daquele lago arrastou o rapaz de tal maneira que nenhum de seus companheiros pôde socorrê-lo. O filho querido foi, mas não voltou como esperado. Não ter ouvido o pedido reiterado da mãe lhe custou a vida.

Com as palavras de Cristo pode ocorrer algo parecido: se seguirmos Seu sábio conselho, invariavelmente iremos bem, mas, do contrário, o resultado será inevitável. É como ensinou Jesus na parábola dos "dois fundamentos". Ali Ele destacou que o que *pratica* Suas palavras é como o homem prudente que edificou sua casa sobre a rocha, e a casa permaneceu em pé apesar da chuva, das torrentes e dos ventos que se arremessaram contra ela. Em contrapartida, o que ouve as palavras amáveis do Mestre e *não as pratica* é tão insensato como o homem que construiu sua casa sobre a areia. Com tal fundamento, a casa veio abaixo quando a chuva e os ventos deram contra ela (Mateus 7:24-29).

O primeiro homem agiu com prudência. Soube construir, e sua atitude é digna de ser imitada. É importante saber o que é bom, mas isso não é o suficiente. A virtude consiste em praticar o bem que conhecemos. Por isso, devemos ser sinceros e obedientes, aceitando as palavras de amor do Mestre e praticando-as para receber a bênção divina.

**Palavra criadora**

Com a mesma palavra poderosa que usou para ensinar, o Senhor também criou o mundo natural que nos rodeia. Jesus é o Criador, e não há poder capaz de competir com Ele. Seu poder é que mantém os astros flutuando no espaço infinito. Com Sua sabedoria, Jesus detém os complexos mistérios da natureza, que, com toda a sua ciência, o homem não pode entender.

Apenas com Sua ordem, o Senhor trouxe à existência a erva que cobre a Terra, as nuvens que enfeitam o céu, os animais que acompanham o homem e os grandes mares que alternam com os continentes. Assim declara o salmista: "Os céus por Sua palavra se fizeram, e, pelo sopro de Sua boca, o exército deles. [...] Pois Ele falou, e tudo se fez; Ele ordenou, e tudo passou a existir" (Salmo 33:6, 9).

Hoje em dia, muitos cientistas ignoram Deus e tentam explicar tudo em termos materialistas, ao contrário dos grandes pioneiros da ciência moderna, como Kepler, Boyle, Newton, Pascal e Lineu, que criam em um Deus ativo na natureza e O incorporaram em suas explicações. Em um livro recente intitulado *A Ciência Descobre Deus*, o Dr. Ariel Roth desafia essa postura secular. Segundo ele, o avanço recente da ciência torna muito difícil pensar que a precisão e a complexidade vistas no Universo surgiram por acaso.

No livro, o Dr. Roth apresenta sete linhas de evidências científicas que apontam para a existência e a atuação de Deus, incluindo a complexidade dos átomos, a precisão extrema das forças da física, a origem da vida, as grandes complexidades biológicas (como o olho), a insuperável improbabilidade de a evolução ter ocorrido no tempo geológico, as lacunas no registro fóssil e a origem de nossa mente misteriosa. Todos esses fatores exigem um Criador muito perceptivo para formular a exatidão e a complexidade que a ciência tem descoberto.[1]

De fato, desde os milhões de galáxias, com seu tamanho incomensurável, até a ínfima pequenez do átomo e da molécula, tudo – sem exceção – foi criado pelo supremo Criador do Universo, que também formou o ser humano.

PALAVRAS DE ESPERANÇA 43

Você e eu somos parte da criação de Deus, que nos fez à Sua imagem e semelhança (Gênesis 1:26, 27). E esse infinito e eterno Criador é também nosso Senhor. Pertencemos a Ele. Não lhe parece maravilhoso esse sentido de pertencer a Cristo?

**Vida nova**

Mas isso não é tudo. Como Criador, o Senhor renova nossa vida cada dia. Como nosso Pai, nos envolve sempre com Seu amor e proteção. Dá-nos o estímulo e a certeza de Sua constante companhia. Com Ele nunca estamos sozinhos nem desamparados. Ao Seu lado não há tristeza, enfado ou desengano, apenas alegria e vida radiante.

Júlio era o homem mais desprezado de seu bairro. Sua vida era libertina e todos o rejeitavam. Até que um dia um cristão se aproximou dele e lhe falou suavemente ao coração. Em seguida, o convidou a depor sua esperança em Cristo. Mas Júlio respondeu:

– Eu sei que deveria me tornar cristão, mas não posso. É impossível para mim.

– Para Deus não há nada impossível – respondeu o crente. – Que motivo teria você para não aceitar a Cristo?

– O principal motivo – respondeu Júlio – é que não sou suficientemente bom para ser cristão.

– Essa é precisamente a maior razão para que você se anime a ser um cristão de bem – replicou o crente. – Não porque você seja bom agora, mas porque Jesus o transformará em uma nova pessoa.

Depois desse breve diálogo, Júlio abriu o coração a Cristo, aceitou-O como seu Redentor e terminou sendo uma pessoa transformada e bem-vista pelos demais habitantes do bairro.

Jesus busca e aceita amigavelmente todos os pecadores. Ninguém fica fora de Seu grande coração. E, assim como oferece uma vida melhor aos que se consideram bons sem serem, também a oferece aos maus, por mais incapazes que se sintam para mudar.

**Foco certo**

A Bíblia nos aconselha a mantermos "os olhos fitos em Jesus, Autor e Consumador da nossa fé", para que não desanimemos (Hebreus 12:1-3, NVI). Esse valioso conselho prático nos convida a concentrar o olhar, a mente e a conduta em nosso supremo exemplo. Para quê? Para vencer o mal, crescer na fé e conservar o bom ânimo sem desanimar. Essa espécie de fortaleza espiritual provém somente de Cristo. A psicologia não a pode dar, tampouco pode conquistá-la o mero esforço humanista que deixa Deus de lado. Seja amigo ou amiga de Jesus. Permaneça ao Seu lado. Não permita que o mundo O tire de seu coração. Dê-Lhe sempre o primeiro lugar na vida, e Ele derramará Suas bênçãos sobre você. Para Jesus, tudo é possível. "Cristo é tudo em todos" (Colossenses 3:11).

Leonardo da Vinci trabalhou durante vários anos para pintar sua célebre obra *A Última Ceia*. Atentou cuidadosamente a cada detalhe dos discípulos ao redor da mesa, ao cálice e, claro, ao rosto de Jesus. Quando a obra foi terminada, Leonardo convidou um amigo para que a observasse. O homem ficou maravilhado e disse: "Que lindo cálice! Não consigo tirar os olhos dele!" Então, Leonardo pegou o pincel e, diante do horror de seu amigo, cobriu o cálice com tinta, afirmando que nenhuma parte da obra deveria atrair mais a atenção que o rosto de Jesus.

Em que você concentra mais a atenção e o olhar? Quão facilmente podemos admirar as coisas secundárias e superficiais da vida, e deixar de apreciar o essencial que procede do Senhor! Poderia existir algo mais valioso para você ou para mim que nossa boa relação com Cristo? Mas isso não é tudo. A história continua...

---

[1] Ver Ariel A. Roth, *A Ciência Descobre Deus* (Tatuí: Casa Publicadora Brasileira, 2010).

### PARA RECORDAR

1. A Bíblia é a revelação das verdades divinas para a humanidade. Os autores das Escrituras foram inspirados pelo Espírito Santo.

   *"Nenhuma profecia da Escritura provém de particular elucidação; porque nunca jamais qualquer profecia foi dada por vontade humana; entretanto, homens santos falaram da parte de Deus, movidos pelo Espírito Santo"* (1 Pedro 1:20, 21).

2. A Bíblia foi escrita com o propósito prático de nos ajudar a viver melhor.

   *"Toda a Escritura é inspirada por Deus e útil para o ensino, para a repreensão, para a correção, para a educação na justiça"* (2 Timóteo 3:16).

3. Ao estudar a Bíblia, temos um encontro com Jesus Cristo, que é o personagem central dos escritos inspirados.

   *"Examinais as Escrituras, porque julgais ter nelas a vida eterna, e são elas mesmas que testificam de Mim"* (João 5:39).

Capítulo 6

# Valores Eternos

Se Jesus nos comove com Suas ternas parábolas, também nos instrui com Suas aulas magistrais. Recordemos algumas delas, nas quais o Mestre destaca os valores superiores da vida e os grandes princípios que devem reger nosso comportamento.

## A grandeza de espírito

Os discípulos estavam discutindo entre si sobre qual deles seria o maior, o mais importante, o mais respeitado. Então Jesus os chamou e lhes disse: "Se alguém quiser ser o primeiro, será o último e servo de todos" (Marcos 9:35). Porém, os discípulos João e Tiago pareceram não entender esse ensinamento. Por isso, pouco depois, ajudados por sua mãe, se dirigiram ao Mestre para Lhe pedir que em Seu reino os colocasse um à Sua direita e o outro à Sua esquerda. Queriam ser os primeiros! Ainda não haviam aprendido que, no reino espiritual de Cristo, o que mais tem valor é o que serve com maior dedicação, e não necessariamente o que tem o cargo mais elevado (Marcos 10:35-45; Mateus 20:20-28).

Quanto nos agradam o poder, a importância pessoal e o lugar de maior destaque para obter o reconhecimento dos demais! Mas, à vista do Altíssimo, isso é indignidade e egoísmo, próprio de seres inferiores. Na concepção divina, a ordem máxima é servir por amor, é dar pelo bem alheio, não importa a posição que ocupemos. Isso é o que o Mestre ensina, e o que Deus abençoa. Essa é uma valiosa verdade que assegura a alegria de viver.

## A verdadeira generosidade

Certo dia, Jesus parou para observar como as pessoas davam suas ofertas no templo. Entre os ricos que entregavam vultosas quantias, "uma viúva pobre chegou-se e colocou duas pequeninas moedas de cobre, de muito pouco valor".

Diante disso, o Mestre fez o seguinte comentário: "Afirmo-lhes que esta viúva pobre colocou na caixa de ofertas mais do que todos os outros. Todos deram do que lhes sobrava; mas ela, da sua pobreza, deu tudo o que possuía para viver" (Marcos 12:41-44, NVI).

Para Deus, o que damos não vale tanto pela quantidade, mas pelo espírito com que o fazemos. Podemos dar do que nos sobra, para adulação de nosso ego, para tranquilizar nossa consciência, ou para receber elogio do próximo. Mas esse hábito tão comum, ainda que possa ser aprovado pela sociedade, é reprovado por Deus, que valoriza apenas os motivos nobres de nossas ações.

Quando você der algo, faça-o com amor, não como quem dá a moeda que lhe pesa no bolso. Mesmo que dê pouco, talvez bem pouco, se realmente der com desprendimento, esse gesto terá a recompensa do Senhor. Nisso consiste a verdadeira generosidade do coração. Se tivéssemos a abnegação da viúva de antigamente, quão diferente seria o mundo!

## Amor sem fronteiras

Como resposta à pergunta maliciosa que havia formulado um doutor da lei, o Mestre contou uma parábola. Começou dizendo que, no caminho entre Jerusalém e Jericó, um homem "veio a cair em mãos de salteadores, os quais, depois de tudo lhe roubarem e lhe causarem muitos ferimentos, retiraram-se, deixando-o semimorto".

Depois disso, um sacerdote passou pelo lugar e, ao ver o homem naquela condição, se fez de distraído e continuou seu caminho. Mais tarde, passou por ali um levita (religioso dedicado ao serviço do templo) e fez o mesmo. Em terceiro lugar, passou um samaritano. E ele, tocado pela necessidade do homem semimorto, o curou e tratou de suas feridas. Além disso, o levou a uma pousada próxima e permaneceu ao seu lado até o dia seguinte. Também pagou a conta e prometeu pagar qualquer outro gasto que produzisse o desventurado.

No fim do Seu relato, Jesus perguntou ao doutor da lei qual dos três viajantes considerou que o ferido era seu próximo. O doutor respondeu: "O que usou de misericórdia para com ele." Então, Jesus lhe disse: "Vai e procede tu de igual modo" (Lucas 10:25-37). O ensinamento era claro: o "doutor", tão entendido em doutrina e teologia, ainda tinha que aprender a lição básica do amor zeloso, que prontamente atende o irmão necessitado e desprotegido.

Não é essa também a lição de amor fraternal que hoje devemos recordar a

# VALORES ETERNOS 47

cada dia? Pode não ser o caso extremo de ajudar a um doente ou um acidentado, mas podemos expressar o espírito do bom samaritano a cada instante e em toda ocasião. O companheiro de trabalho que perdeu seu filho, o colega de estudo que chora pela separação de seus pais, o amigo que tem o coração abatido, o rapaz que não é querido pelos demais, a moça abandonada pelo noivo... Cada um desses é nosso próximo, a quem podemos ajudar, como fez o antigo samaritano. Uma palavra, um gesto, um sorriso, um favor, um momento de companhia, um modesto presentinho, todas essas são boas maneiras de amar o próximo como a nós mesmos. Não existem motivos para omitir atenção humana desse tipo, porque não custa nada, e, no entanto, pode ajudar muito. Apontando a bondade do samaritano, o Senhor diz hoje a nós também: "Vai e procede tu de igual modo."

## Ensinamento imortal

Em seu imortal Sermão do Monte, Jesus ensinou o amor abnegado e perdoador. Ali, Ele destaca a perpetuidade de Sua lei de amor (Mateus 5:17-20), e chega à máxima expressão da bondade quando declara: "Amai a vossos inimigos, bendizei os que vos maldizem, fazei bem aos que vos odeiam e orai pelos que vos maltratam e vos perseguem" (Mateus 5:44, ARC).

O Mestre acrescenta: "Porque, se amais os que vos amam, qual é a vossa recompensa? Porque até os pecadores amam aos que os amam." Ou seja, qual é o mérito de amar ao que habitualmente nos ama? Isso qualquer um pode fazer, mesmo o egoísta, que ama simplesmente por conveniência, porque sabe que seu amor será correspondido. O verdadeiro mérito consiste em amar inclusive os que não gostam de nós ou nos olham com maldade (Lucas 6:32-36).

Que ideal elevado! Tal é o desafio que nos apresenta o Senhor para orientar nosso comportamento com os demais. E, embora o alvo seja elevado, não deveríamos apontar para ele, engrandecendo assim nosso coração de cristãos? Esse é o insuperável ensino da regra áurea: "Tudo quanto, pois, quereis que os homens vos façam, assim fazei-o vós também a eles" (Mateus 7:12).

Esse é o nobre princípio cristão das relações humanas: ser e agir com os demais como gostaríamos que fossem e agissem conosco. Se quisermos que o vizinho seja bom conosco, sejamos primeiro nós assim com ele; e, se ele continua indiferente ou antissocial, igualmente teremos ganhado, porque soubemos ser bondosos com ele.

O amor generoso é especialmente necessário no lar. Que outro fator poderia construir melhor a felicidade da família que o amor desinteressado? Esse amor sincero une o casal e mantém a harmonia do lar. O verdadeiro amor sempre vence. Utilize-o para o bem de sua família e a boa formação de seus filhos.

Paulo escreveu sobre esse amor incondicional quando disse: "O amor é paciente, é benigno; o amor não arde em ciúmes, não se ufana, não se ensoberbece, não se conduz inconvenientemente, não procura os seus interesses, não se exaspera, não se ressente do mal; não se alegra com a injustiça, mas regozija-se com a verdade; tudo sofre, tudo crê, tudo espera, tudo suporta. O amor jamais acaba" (1 Coríntios 13:4-8).

Uma senhora e seu esposo prometeram muitos brinquedos, roupas e uma linda casa ao menino de um orfanato se ele fosse morar com eles. O menino lhes perguntou: "Eu não posso ter nada além disso?" A senhora então lhe perguntou: "Que mais gostaria de ter?" Ele respondeu: "Quero apenas que me amem!" E o pequeno foi adotado com muito amor.

A resposta do menino foi o grito desesperado de sua alma. Ele necessitava de amor. Não é esse também o maior anelo de todos os seres humanos? Não existe sobre a Terra maior necessidade que a de ser amados, aceitos e compreendidos.

Por isso, o Senhor nos insta a cultivar e compartilhar a beleza do amor. Mediante Suas palavras, nos ensina como amar, a quem amar e para que amar. Mas Sua palavra se agiganta com a força de Seu exemplo. Ele diz: "Que vos ameis uns aos outros, assim como Eu vos amei" (João 15:12). Ele amava Seus amigos, os desvalidos, os pecadores e os necessitados da sociedade.

O amor do Mestre se prolonga hoje até nós. Ele corrige nossos defeitos e modela com paciência nosso caráter. O magnetismo de Seu amor nos mantém junto dEle, para que aprendamos a ser como Ele.

## O carinho pelas crianças

Jesus tratava as crianças com especial ternura e consideração. Uma vez, os discípulos quiseram distanciar as crianças que se aproximavam do Mestre. Mas Ele lhes disse: "Deixai vir a Mim os pequeninos, não os embaraceis, porque dos tais é o reino de Deus. [...] Então, tomando-as nos braços e impondo-lhes as mãos, as abençoava" (Marcos 10:13-16).

Nenhuma tarefa de Jesus era tão importante a ponto de impedi-Lo de expressar Seu amor para com as crianças. Na sociedade daqueles dias, as crianças eram subestimadas e não desfrutavam maiores direitos. Era-lhes proibido interferir nas tarefas dos adultos. Dessa atitude errada participavam os discípulos. Por isso, quiseram impedir que as crianças se aproximassem do Senhor. Mas Ele, com Sua terna aceitação dos pequenos, mostrou quanto as amava e o tratamento considerado que mereciam.

Quão triste o Mestre fica hoje quando vê como muitas crianças são maltratadas ou o abandono assassino em que vivem! Como Ele levantaria Sua voz para condenar a crueldade e o sofrimento que afligem tantas crianças de nossos dias! O que diria o Mestre ao observar o amor permissivo e indisciplinado que recebem tantos outros pequeninos? E, diante do amor dominante, possessivo e arbitrário que marca a vida de muitos outros filhos, não expressaria o Senhor franca rejeição?

Custa crer que existam em nosso mundo milhões de crianças que são vítimas cada dia de maus-tratos e que haja tantos milhares de crianças indefesas que morrem diariamente no mundo por falta da devida atenção. Contudo, "delas é o reino de Deus", e delas é também o mínimo direito de ser amadas, protegidas, alimentadas e educadas.

Você tem crianças sob seu cuidado? Sejam seus filhos, seus netos, seus alunos, ou crianças a quem cuida em sua profissão doméstica, trate-as com amor e paciência. Analise suas reações e procure guiá-las segundo sua necessidade particular. Lembre-se de que uma vez você também foi criança. Assim como os adultos, elas são propriedade de Deus. Pense como Jesus as trataria se estivesse em seu lugar. Confie seu filho aos cuidados do Senhor, e assim você o apartará do mau caminho.

*O amor do Mestre corrige nossos defeitos e modela nosso caráter.*

**A lei do amor**

Com frequência se fala sobre os Dez Mandamentos (Êxodo 20:3-17) como um código moral que perdeu sua validade original. Muitos já não creem no conteúdo completo desse Decálogo divino. Outros afirmam que Jesus o cumpriu por nós e que, portanto, estamos desobrigados de guardá-lo. Entretanto, o Mestre ensinou: "Não penseis que vim revogar a Lei ou os Profetas; não vim para revogar, vim para cumprir." E acrescentou: "Porque em verdade vos digo: até que o céu e a Terra passem, nem um i ou um til jamais passará da Lei, até que tudo se cumpra" (Mateus 5:17, 18).

Se recordamos que os Dez Mandamentos foram escritos "com o dedo de Deus" (Êxodo 31:18), e se recordamos que "a lei do Senhor é perfeita, e restaura a alma" (Salmo 19:7), não resta margem para pensar que essa admirável lei de amor (Mateus 22:37-40) tenha perdido sua vigência e relevância. Graças a Deus porque Sua eterna lei continua em pé, e porque seus sábios preceitos defendem a vida, o amor, a família, a pureza e a integridade em todas as suas formas.

Quantos mandamentos devemos guardar? A maioria deles ou todos? Sem dúvida, quando a Bíblia diz: "Bem-aventurados os irrepreensíveis no seu caminho, que andam na lei do Senhor!" (Salmo 119:1), está se referindo a todos os mandamentos. Por isso, o apóstolo Tiago escreveu: "Pois qualquer que guarda toda a lei, mas tropeça em um só ponto, se torna culpado de todos" (Tiago 2:10). Que privilégio e que bênção têm os que procuram guardar a *totalidade* da lei de Deus! Isso inclui o quarto mandamento, que estabelece o sétimo dia da semana, o sábado, como o dia de descanso para a felicidade dos filhos de Deus.

Quando Deus, em Sua onisciência e bondade, viu a necessidade de criar o mundo e fazê-lo em seis dias, também achou por bem acrescentar um dia a mais, um dia de "descanso" ou "repouso", para completar a semana de sete dias. Esse dia se torna ainda mais especial porque o Senhor o abençoou e o santificou (Gênesis 2:3). Quando, pela graça de Cristo, aceitamos a alegria do sábado e vivemos a felicidade de observá-lo, ele verdadeiramente se torna a coroa de nossa semana.

É óbvio que, ao contrário do que muitas igrejas cristãs ensinam hoje, Jesus veio ao mundo não para abolir a lei ou mudar o dia de adoração do sábado para o domingo. Ele veio para cumprir a lei e mostrar seu verdadeiro sentido (Mateus 5:17). Se a lei pudesse ser abolida, Jesus não precisaria ter morrido em nosso lugar.

O teólogo Alberto Timm explica: "A teoria de que a morte de Cristo na cruz teria abolido o Decálogo é destituída de significado e acaba rompendo o relacionamento tipológico entre o santuário da antiga aliança (terrestre) e o santuário da nova aliança (celestial). Se a aspersão do sangue sobre o propiciatório da arca da aliança no santuário terrestre (Levítico 16:14, 15) não abolia a lei que estava contida dentro daquela arca (Êxodo 31:18; 40:20), por que então o sangue de Cristo deveria abolir a lei contida na arca da aliança do santuário celestial (Apocalipse 11:19)?"[1]

"Portanto", continua o teólogo, "nos ensinos de Cristo encontramos a verdadeira dimensão espiritual do Decálogo livre das tradições e 'doutrinas que são preceitos de homens' (Mateus 15:9). Essa dimensão espiritual abrange também o quarto mandamento, que ordena a observância do sábado (Êxodo 20:8-11)."[2]

O sábado é um dia de descanso, libertação, cura, restauração e esperança. Por isso, Jesus fez pelo menos sete milagres no dia de sábado.[3] Embora os líderes judeus tenham criticado o Mestre por fazer curas no sábado, "em nenhum dos casos o ponto em discussão foi a *validade* do sábado como dia de guarda, mas apenas a *forma* de ser ele observado".[4] Enquanto para os fariseus o sábado era um dia de regras e restrições, para Jesus ele era um dia de vida e alegria, o símbolo do descanso na graça.

Longe de ser um peso, a lei nos traz a verdadeira liberdade em Cristo. O salmista diz: "Andarei em liberdade, pois busquei os Teus preceitos" (Salmo 119:45, ARC). E Tiago se refere ao Decálogo como "a lei régia", "lei perfeita, lei da liberdade"

# VALORES ETERNOS 51

(Tiago 2:8; 1:25). Por isso, a Bíblia declara "bem-aventurados" a todos "os que andam na lei do Senhor" (Salmo 119:1), cujo "prazer está na lei do Senhor" e que meditam "na Sua lei de dia e de noite" (Salmo 1:2).

Esse é um ensino eterno de Cristo que devemos observar. Mas há outros aspectos que merecem nossa atenção e que contribuirão para nossa maneira de viver.

## Estilo de vida

Na esteira de todo tipo de modismo em termos de dietas para emagrecer, o médico norte-americano Don Colbert resolveu lançar um livro sobre a dieta de Jesus, garantindo que ela tem valor científico.[5] "Se comermos como Jesus comia, seremos mais saudáveis", escreve o médico. "Ele é nosso exemplo com relação a bons hábitos alimentares e disciplina, para que vivamos uma vida mais sadia e equilibrada."[6] De fato, Jesus foi o modelo perfeito e até Sua dieta serve de padrão para nós.

Para formular a dieta de Jesus e de Seus discípulos, o Dr. Colbert explora as regras alimentares do Antigo Testamento (veja, por exemplo, Levítico 11) e analisa a alimentação mencionada no Novo Testamento. Entre outras coisas, ele destaca os seguintes aspectos do estilo de vida de Jesus:

• Jesus usava pão integral, água e alimentos em seu estado natural, com baixo teor de gordura ou sal, tudo, é claro, sem aditivos ou conservantes.

• Ele comia muitos vegetais, frutas, feijões e lentilhas. Esses são alimentos prescritos por Deus para os primeiros habitantes do planeta.

• A carne vermelha era ingerida raramente, apenas em ocasiões especiais, ao passo que o peixe constituía a principal fonte de proteína.

• A quantidade de alimentos ingeridos por Jesus não devia ser farta, pois se comia apenas o necessário.

• A dieta de Jesus incluía itens e benefícios da dieta mediterrânea, que contém gorduras saudáveis provenientes principalmente do óleo de oliva.

• O consumo de suco de uva fornecia os antioxidantes tão valorizados hoje.

• O modo de comer também era importante, pois, nos tempos bíblicos, as pessoas comiam com calma, o que ajuda a comer menos e facilita a digestão.

• Além de Se alimentar saudavelmente, Jesus Se exercitava com frequência em Suas longas caminhadas para fazer o bem ao próximo.

Independentemente das interpretações do médico, será que esse estilo de vida ainda faz sentido no século 21? Sem dúvida! Uma prova de que ele oferece vantagens é que os adventistas, que procuram seguir os princípios bíblicos do viver saudável, vivem de 7 a 10 anos a mais do que a média da população dos Estados Unidos.

Objetos de muitos estudos científicos,⁷ citados com frequência na mídia e agora retratados no filme *The Adventists*, do cineasta Martin Doblmeier, os adventistas valorizam a dieta vegetariana, não fumam, não bebem bebidas alcoólicas, não usam drogas e incentivam a prática do exercício físico. Uma das principais autoras adventistas, Ellen White, que escreveu muito na área de saúde, aconselhou: "Ar puro, luz solar, abstinência, repouso, exercício, regime conveniente, uso de água e confiança no poder divino – eis os verdadeiros remédios."⁸

O estilo de vida de Jesus e de Seus discípulos, incluindo a alimentação, é outra lição que devemos levar em conta, para termos uma vida mais saudável.

### Ajuda nos momentos de provas

Quem não sofre provas dos mais variados tipos? Mas, em meio dos piores embates, golpes ou adversidades, o Senhor nos diz: "Não temas, porque Eu sou contigo; não te assombres, porque Eu sou o teu Deus; Eu te fortaleço, e te ajudo, e te sustento com a Minha destra fiel" (Isaías 41:10).

Niccolò Paganini estava apresentando em Paris um dos mais célebres concertos de violino. Enquanto afinava o instrumento, uma de suas quatro cordas se rompeu. A desilusão se espalhou entre o numeroso público presente. Em seguida, em plena execução, outra corda se rompeu. Mas, diante da preocupação das pessoas, Paganini continuou tocando, até que uma terceira corda se partiu.

O público já estava evidentemente desgostoso. Então, com toda serenidade, o afamado concertista disse: "Senhoras e senhores, agora escutarão Paganini e apenas uma corda." E, utilizando essa única corda, o mestre executou uma música de modo tão extraordinário que, ao final, um aplauso vigoroso ressoou em todo o grande salão.

Alguma vez se rompeu uma ou várias cordas de sua alma? Ou talvez neste momento esteja sofrendo alguma prova, algum quebrantamento? Lembre-se, então, de que Jesus, o Músico supremo, nos toma como somos e como estamos e é capaz de arrancar de nossas dores as melhores melodias de uma vida restaurada e bendita por Ele.

Em nossos pesares e decepções, quando nos ferem com palavras ou atitudes, quando alguém nos trai, ou quando alguém nos devolve mal por bem, então é que podemos recorrer ao Senhor para superar a prova e seguir adiante com bom ânimo. Ele cura e conserta maravilhosamente bem qualquer fratura de nossa alma, e ameniza qualquer dor do coração com Seu bálsamo curador. Antes de você, Ele sofreu maiores provas e perigos, e sempre saiu vencedor. Coloque sua vida sob Seu cuidado de amor!

VALORES ETERNOS 53

## Exemplo em tudo

O Mestre não ensinou apenas com a palavra, mas também mediante o exemplo. Ensinou o amor aos inimigos, e assim agiu com eles. Ensinou a importância da fé, e ninguém creu tanto em Deus como Ele. Ensinou o valor da humildade, e praticou em alto grau essa grande virtude. Pregou a consideração para com as crianças, e foi o primeiro a amá-las.

Enfim, Jesus nunca pediu algo que Ele mesmo não estivesse disposto a praticar. Jamais insinuou aos Seus ouvintes: "Façam o que digo, mas não o que faço." Foi o Mestre perfeito que viveu o que ensinou e que ajudou Seus seguidores a imitar Seu exemplo. Chegou a realizar ações desnecessárias para Ele com o único propósito de estabelecer um exemplo para todos os tempos.

Uma amostra clássica do que dizemos é o próprio batismo de Jesus. Ele pediu a João Batista que O batizasse, mas a princípio João recusou tal pedido. Como iria batizar o Messias e Redentor, cuja vida perfeita não necessitava do arrependimento simbolizado pelo batismo? Mas, quando o Senhor insistiu e disse que convinha "cumprir toda a justiça" (Mateus 3:15), João "consentiu" e batizou Jesus.

Por que o Senhor pediu o batismo? Simplesmente para nos dar o exemplo. Depois disso, abriu-se o caminho para o batismo cristão, como símbolo de arrependimento e conversão.

*Jesus ameniza qualquer dor do coração com Seu bálsamo curador.*

Mais tarde, Jesus pediria que as pessoas cressem e fossem batizadas (Mateus 28:19; Marcos 16:16). Mas, antes disso, Ele mesmo já havia recebido o batismo.

Que tipo de batismo recebeu o Senhor? O único que se praticava em Seus dias: o batismo por imersão, que requeria que a pessoa fosse submergida na água e em seguida levantada, como representação da morte para o pecado e a ressurreição para uma vida nova pela graça de Deus.

Por se tratar dessa forma de batismo, era natural que João batizasse em um lugar com muita água. E isso é precisamente o que relata o evangelho, ao dizer que João "estava também batizando em Enom, perto de Salim, porque havia ali muitas águas" (João 3:23). Anos mais tarde, quando Felipe batizou o etíope que regressava a seu país, ambos "desceram à água" e logo "saíram da água" (Atos 8:38, 39).

Outra vez, ali esteve presente o batismo por imersão. A palavra "batizar" deriva do termo latino *submergir*; e, quando a Santa Bíblia diz que existe um só batismo (Efésios 4:5), alude a esse batismo cristão por imersão, que Jesus exemplificou.

O apóstolo Paulo afirma: "Ou, porventura, ignorais que todos nós que fomos batizados em Cristo Jesus fomos batizados na Sua morte? Fomos, pois, sepultados com Ele na morte pelo batismo; para que, como Cristo foi ressuscitado dentre os mortos pela glória do Pai, assim também andemos nós em novidade de vida" (Romanos 6:3, 4). Aqui se afirma que a relação do crente com Cristo mediante o batismo envolve uma relação com Sua morte. No versículo 2, Paulo indica que uma pessoa que aceitou Jesus como seu Senhor e Salvador morreu para o pecado. Disso podemos deduzir que o cristão, unido com Cristo pelo batismo, morreu para o pecado e vive agora uma vida nova dedicada a Deus.

Esse é outro lindo ensino para experimentar, não acha? Mas isso não é tudo. A história continua...

---

[1] Alberto R. Timm, *O Sábado na Bíblia* (Tatuí: Casa Publicadora Brasileira, 2010), p. 54.
[2] Ibid., p. 54, 55.
[3] Ver Marcos 1:21-28; 1:29-31; 3:1-6; 9:1-41; Lucas 13:10-17; 14:1-6; João 5:1-15.
[4] Timm, p. 57.
[5] Don Colbert, *A Dieta de Jesus e de Seus Discípulos* (Rio de Janeiro: Thomas Nelson Brasil, 2006).
[6] Ibid., p. 10.
[7] Para saber mais, veja, por exemplo, Gary E. Fraser, *Diet, Life Expectancy, and Chronic Disease: Studies of Seventh-day Adventists and Other Vegetarians* (Nova York: Oxford University Press, 2003), e Dan Buettner, *The Blue Zones: Lessons for Living Longer from the People Who've Lived the Longest* (Washington, DC: National Geographic, 2008).
[8] Ellen G. White, *A Ciência do Bom Viver* (Tatuí: Casa Publicadora Brasileira, 2001 [CD-Rom]), p. 127.

### PARA RECORDAR

1. Jesus ensinou que devemos amar o próximo como a nós mesmos e tratar os outros como queremos ser tratados.
"*Tudo quanto, pois, quereis que os homens vos façam, assim fazei-o vós também a eles; porque esta é a Lei e os Profetas*" (Mateus 7:12).

2. A essência da lei de Deus, que foi dada para assegurar o nosso bem-estar, é o amor. Por isso, a lei pode ser resumida no amor a Deus e ao próximo.
"*Amarás o Senhor, teu Deus, de todo o teu coração, de toda a tua alma e de todo o teu entendimento. Este é o grande e primeiro mandamento. O segundo, semelhante a este, é: Amarás o teu próximo como a ti mesmo*" (Mateus 22:37-39).

3. A pessoa transformada por Deus busca observar os princípios eternos da lei divina. A obediência à lei é motivada pelo amor.
"*Se Me amais, guardareis os Meus mandamentos*" (João 14:15).

Capítulo 7

# Verdades Essenciais

**Entre os ensinos** mais destacados do grande Mestre, há três que se destacam pela sua transcendência e seu valor para a vida: a realidade de que todo ser humano tem uma grande sede espiritual que precisa ser satisfeita por uma fonte inesgotável, a necessidade da transformação por um poder maior do que nós mesmos e a importância do diálogo constante com Deus.

## Sede espiritual

Uma mulher resgatada da prostituição disse a uma de suas antigas colegas: "Eu estive no seu lugar. Sei que no íntimo do seu coração há um vazio que gostaria que fosse preenchido, e um amor verdadeiro que gostaria de encontrar. Era assim comigo, até que encontrei Jesus como a grande esperança da minha vida. Se você O conhecesse, todo o seu ser ganharia uma dimensão superior. Você encontraria uma vida sã, livre e feliz. Desejo que você também experimente a mudança. Então, parecerá mentira que algum dia teve esse tipo de vida. Jesus pode lhe tirar do abismo, como dele me tirou. Não vacile! Aceite-O também. Ele fará de você uma nova mulher!"

E a mulher da vida aceitou o convite. Ela fez de Jesus seu Amigo e tornou-se uma nova pessoa ao deixar definitivamente sua antiga vida licenciosa. Mudanças, muitas mudanças! Isso é o que produz o Senhor quando aceitamos Sua renovadora palavra, deixamos que transforme nossa vida e seguimos Seu exemplo perfeito.

Todo ser humano anseia por significado na vida. Não queremos levar uma vida fútil e sem sentido. Mas como saciar essa sede? Quem pode dar sentido à nossa vida? Encontramos a resposta em um episódio ocorrido com o próprio Cristo.

Certo dia, uma mulher da cidade de Samaria foi tirar água do poço. Ali, sentado junto dele, Jesus descansava. Quando a mulher ia tirar a água, o Senhor lhe pediu: "Dá-Me de beber" (João 4:7). Admirada diante de tal pedido, que provinha de um forasteiro judeu, a mulher respondeu: "Como, sendo Tu judeu, pedes de beber a mim, que sou mulher samaritana?" (v. 9).

E assim teve início o diálogo que tocaria a grande necessidade espiritual da mulher. Jesus começou pedindo água e concluiu oferecendo a Si mesmo como o supremo manancial da vida. Disse: "Aquele, porém, que beber da água que Eu lhe der nunca mais terá sede; pelo contrário, a água que Eu lhe der será nele uma fonte a jorrar para a vida eterna" (v. 14).

Quando a mulher entendeu quem era realmente a Pessoa que lhe dizia essas palavras, deixou seu cântaro junto ao poço e retornou eufórica à sua aldeia para contar o que lhe havia ocorrido. As palavras do Mestre foram impactantes, reveladoras e críveis, uma vez que mostraram a verdadeira condição moral da mulher (João 4:16-19). Mas, de forma especial, o Senhor despertou nela uma nova forma de vida, e isso fez com que testemunhasse a todo o povo de Sicar, onde vivia.

Prezado leitor, qual é sua sede agora? Tem por acaso sede de Deus, como a mulher samaritana do passado? Necessita ajustar o rumo de sua vida? Ou, ao compreender quão rapidamente passam os anos, anseia a eternidade? Há algo em sua saúde ou em sua família que não está bem? Aproxime-se de Jesus mediante uma simples oração silenciosa. Diga-Lhe o que está acontecendo, qual é seu anseio, o que o preocupa no íntimo de seu ser. Ele lhe dará a água que sacia toda forma de sede. Seu encontro com Ele fará você feliz e lhe dará plenitude espiritual.

As grandes necessidades da alma podem ser atendidas apenas na companhia de Cristo. Que outra pessoa, além dEle, poderia preencher o coração humano com tanta esperança, paz e contentamento?

Entretanto, Jesus ensinou que precisamos ir além desse estágio. Devemos ser transformados por um poder superior para que alcancemos uma nova vida.

**Nascer de novo**

Jesus foi um comunicador modelo quando falava às multidões, mas não era diferente quando falava pessoalmente com Seus interlocutores. Assim a Bíblia relata o diálogo memorável que o Mestre manteve com Nicodemos. Foi no silêncio e nas sombras da noite. Como príncipe religioso da nação, Nicodemos percebia em Jesus o enviado de Deus, mas tinha algumas perguntas em sua mente.

Com tais inquietações, Nicodemos foi ver o Senhor. Jesus logo notou a necessidade espiritual do visitante, de modo que, evitando considerações de menor

# VERDADES ESSENCIAIS  57

importância, foi direto ao ponto e disse-lhe: "Se alguém não nascer de novo, não pode ver o reino de Deus" (João 3:3). E continuou falando-lhe sobre o renascimento interior, até chegar à verdade essencial da "vida eterna" (v. 16).

Com essas palavras, Jesus impressionou tão profundamente o coração de Nicodemos que ali, em meio à noite, esse homem captou a luz divina que lhe iluminaria o coração até o fim de seus dias. Você às vezes tem dúvidas? Alguma sombra espiritual lhe causa agonia? Necessita escutar a voz orientadora do Altíssimo para saber o que fazer da vida? Não vacile! Faça o mesmo que Nicodemos. Vá a Jesus com seus anseios e perguntas, e Ele lhe oferecerá a resposta salvadora.

Nicodemos começou com dúvidas e inseguranças, mas terminou com respostas e certezas. Naquela noite, ele se converteu num sincero seguidor de Cristo. A palavra poderosa e amiga do Mestre fez dele um novo homem.

O novo nascimento implica um despertar à vida espiritual, e a regeneração é o processo criativo de Deus mediante o qual a pessoa, incapaz de compreender ou cumprir as coisas espirituais (1 Coríntios 2:14-3:3), se converte numa pessoa espiritual que aprecia a Palavra de Deus e começa a praticar essa forma de vida.

Tendo em vista esse novo princípio em operação na vida, o apóstolo Paulo exorta os crentes: "Quanto ao trato passado, vos despojeis do velho homem, que se corrompe segundo as concupiscências do engano, e vos renoveis no espírito do vosso entendimento, e vos revistais do novo homem, criado segundo Deus, em justiça e retidão procedentes da verdade" (Efésios 4:22-24).

Essa transformação é possível somente pelo poder vital do Espírito Santo operando em nossa vida, um dom que recebemos através de Jesus. Por isso, a Bíblia diz que, em Sua misericórdia, Deus "nos salvou mediante o lavar regenerador e renovador do Espírito Santo, que Ele derramou sobre nós ricamente, por meio de Jesus Cristo, nosso Salvador" (Tito 3:5, 6). Além de nos salvar, Cristo envia o poder para nos transformar e possibilitar uma nova vida.

## O poder da oração

A pessoa transformada pelo Espírito Santo procura levar uma vida de constante contato com Deus, por meio da oração, que é o oxigênio da vida espiritual. Por meio da oração, Deus pode fazer mudanças em nossa vida.

Um criminoso estava sendo levado à câmara de gás para ser executado e, em meio à dor e ao remorso, exclamou: "Se naquela manhã eu tivesse orado a Deus, não teria cometido esse crime horrível!" O assassino estava convencido de que, se no dia fatal tivesse buscado a ajuda divina, jamais teria cometido o crime que o levara à pena capital.

Quão facilmente podemos estragar um dia de trabalho, ou a boa relação com um companheiro, e até a paz de nosso lar, porque perdemos o controle! E esse descontrole poderia ter sido evitado se, no começo da jornada, tivéssemos pedido a Deus ajuda e bênção. Quantos males poderíamos evitar, e quantos atos de bondade poderiam ser muito mais frequentes, se cultivássemos o valioso hábito de falar todos os dias em oração com nosso Pai celestial! Tal era o costume de Jesus.

Em Sua natureza humana, Jesus sentia a necessidade de orar ao Pai. Não podia conceber Sua vida, nem realizar Suas obras prodigiosas, sem manter uma relação constante com Deus. O reiterado testemunho dos evangelhos revela esse hábito exemplar de Jesus:

• "E, despedidas as multidões, subiu ao monte, a fim de orar sozinho" (Mateus 14:23).

• "Tendo-Se levantado alta madrugada, saiu, foi para um lugar deserto e ali orava" (Marcos 1:35).

• "Ele, porém, Se retirava a lugares solitários e orava" (Lucas 5:16).

Tantas vezes os discípulos O viram orando, e observaram-nO fortalecido depois da oração, que nasceu neles o profundo anelo de aprender a orar. Queriam orar como fazia o Mestre.

Certo dia, quando Jesus havia terminado de fazer Suas orações ao Pai, um de Seus discípulos Lhe pediu: "Senhor, ensina-nos a orar" (Lucas 11:1). Então, o Senhor lhes ensinou o "Pai Nosso", a oração que seria o modelo para os crentes de todos os tempos.

O Pai Nosso tem a seguinte particularidade:

• Ensina-nos a chamar nosso Deus e Criador de "Pai". Isso nos permite senti-Lo próximo, com laços de amor filial.

• Ensina-nos a pedir o "pão de cada dia", não o pão para uma semana ou para um mês. Portanto, é apresentada a necessidade de pedir cada dia tanto o pão material como qualquer outra dádiva que queiramos receber da parte de Deus.

• Assinala que o Pai perdoa nossas faltas, e que é diretamente a Ele que devemos pedir perdão por elas.

• Mas essas faltas serão perdoadas "assim como nós perdoamos aos nossos devedores". Isso nos mostra que devemos ser bons perdoadores (ou seja, perdoadores generosos, com amor fraternal, sem rancor), assim como desejamos que Deus seja conosco.

Jesus incentivou Seus discípulos a buscar a Deus de maneira privativa: "Tu, porém, quando orares, entra no teu quarto e, fechada a porta, orarás a teu Pai, que está em secreto" (Mateus 6:6). A oração deve ser constante em nossa vida, mas não pode se tornar uma propaganda da nossa espiritualidade. Deus, que nos conhece em detalhes, ouvirá os anseios do nosso coração. A vida dos discípulos mudou quando aprenderam a orar. Isso acontece hoje conosco. Conviva com o Senhor mediante a oração e desfrute os resultados infalíveis. Ele nunca nos faz esperar. Sempre tem tempo para nos atender.

**Benefícios da oração**

Se Cristo teve na oração Sua fonte de poder, e isso também ocorreu na experiência de Seus discípulos, não poderia acontecer o mesmo em nossa vida hoje?

São tantos os benefícios que proporciona o hábito de orar que seria incompreensível que um crente que diz amar a Deus não cultive esse privilégio de viver em diálogo e em sintonia com o Senhor.

Vejamos alguns dos vários benefícios da oração:

1. *Concilia-nos com Deus.* Faz-nos sentir acompanhados por Ele. Afugenta toda possível solidão do coração, e, ao crescer assim nossa amizade com o Senhor, mais desejaremos conviver com Ele.

2. *Enche-nos de paz.* Se temos ansiedade, preocupação ou angústia, nossa relação com Deus nos inunda de paz. Dá-nos calma interior, domínio próprio e equilíbrio emocional.

*A oração não pode se tornar uma propaganda da nossa espiritualidade.*

3. *Dá-nos segurança.* Tira os temores do coração e ajuda a nos sentirmos mais confiantes. Dá a certeza do cuidado protetor de Deus e nos distancia do perigo.

4. *Fortalece-nos espiritualmente.* A oração faz-nos fortes para rejeitar a tentação e o mal que nos cercam. Vence nossos desalentos e debilidades pessoais.

5. *Ajuda a nos conhecermos melhor.* Leva-nos a examinar nossa vida para detectar nossas necessidades, a fim de apresentá-las diante de Deus. O exame de nossa vida interior nos ajuda a crescer psicológica e espiritualmente.

6. *Ensina-nos a ser agradecidos.* A verdadeira oração não tem só a finalidade de pedir, mas também de reconhecer e agradecer as bênçãos do Altíssimo. Na realidade, sempre deveríamos sentir e expressar gratidão a Deus.

7. *Muda nosso caráter.* Eleva nossos pensamentos, melhora nossas decisões e renova nosso modo de ser. Quem ora com sinceridade e com fé, abrindo o coração ao Senhor como a seu melhor amigo, embeleza e aperfeiçoa seu caráter.

Diante desses importantes benefícios que a oração outorga, deveríamos orar constantemente para nos assegurarmos das bênçãos de Deus. Se você achar por bem, agora mesmo, não importa onde esteja, interrompa a leitura e eleve sua mente ao Senhor. No silêncio, Ele lerá seus pensamentos e responderá seus pedidos. Tente fazer a prova, e o Senhor o premiará! Muitos negligenciam a oração e não buscam a Deus ao longo do dia. Que descuido não falar com o Pai celestial para receber Sua bênção! E pensar que Ele espera que mantenhamos diálogo com Seu coração de amor! Talvez isso não descreva seu modo espiritual de ser, mas reforça o amável convite de Jesus para que você permaneça unido a Ele através da oração. É um convite para fortalecer sua fé, resistir à maldade, conservar a harmonia do lar, cultivar a amizade com Jesus. O Senhor oferece tudo isso mediante nossa comunhão com Ele. Como, então, descuidar da oração? Porém, isso não é tudo. A história continua com outros episódios de amor e esperança...

### PARA RECORDAR

1. Toda pessoa anseia por significado e tem uma grande sede espiritual. Somente Jesus pode saciar essa sede.
"*Afirmou-lhe Jesus: Quem beber desta água tornará a ter sede; aquele, porém, que beber da água que Eu lhe der nunca mais terá sede; pelo contrário, a água que Eu lhe der será nele uma fonte a jorrar para a vida eterna*" (João 4:13, 14).

2. A oração é um meio essencial para vivermos em sintonia com Deus. Entre outros benefícios, a oração enche-nos de paz e de esperança. Por isso, devemos orar com frequência.
"*Não andeis ansiosos de coisa alguma; em tudo, porém, sejam conhecidas, diante de Deus, as vossas petições, pela oração e pela súplica, com ações de graças. E a paz de Deus, que excede todo o entendimento, guardará o vosso coração e a vossa mente em Cristo Jesus*" (Filipenses 4:6, 7).

3. Ao orar, devemos confiar no poder de Jesus, e não nos méritos de outros seres humanos.
"*E tudo quanto pedirdes em Meu nome, isso farei, a fim de que o Pai seja glorificado no Filho*" (João 14:13).

## Capítulo 8

# A Fonte da Felicidade

**O jovem norte-americano** Dennis Plummer queria conhecer melhor a população de seu país mediante o contato direto com as pessoas e por meio das histórias que lhe contassem. Desse modo, Dennis, recém-graduado em psicologia, começou a percorrer a pé o território dos Estados Unidos.

No fim de seu primeiro ano de caminhada, em 1988, Dennis havia entrevistado todo tipo de pessoas: empresários, operários, empregados, camponeses, marinheiros e inclusive narcotraficantes e prostitutas. Tinha ido a várias cidades, as maiores e as menores de seu país. Depois disso, ele escreveu este comentário: "O que eu percebia nas pessoas era uma espécie de questionamento sobre o sentido da própria vida. O homicida nº 1 dos Estados Unidos é o tédio. De diferentes maneiras, as pessoas estão buscando um significado para a vida."

O que descobriu Dennis Plummer em sua pesquisa não é por acaso o que também sentem e padecem as pessoas de outros lugares? Já nos dias de Cristo, a humanidade sofria de tédio e de vazio existencial. A maioria ignorava sua razão de viver. As pessoas viviam ao seu modo, sem saber para quê. A experiência de viver era mais tediosa que prazerosa. As pessoas tinham fome de bem-estar e felicidade. Necessitavam descobrir um novo rumo e uma nova esperança para sua vida. Entre ontem e hoje existe grande diferença?

## A busca do coração

Não importa onde nos encontremos, sempre veremos pessoas sem alegria e satisfação. Pessoas que desejam sentir-se melhor, com anseios satisfeitos, sonhos alcançados, plenitude espiritual; pessoas com sede de felicidade, que somente o Senhor pode atender.

Jesus tem o maior interesse de suprir nossas carências e remediar nossas tristezas. Ele deseja que nos sintamos bem com nós mesmos, e que tenhamos uma canção de alegria no coração. Ele declara: "que vossa alegria seja completa" (João 16:24). Além disso, nos ajuda a alcançá-la.

O Mestre vivia rodeado de pessoas, e todas recebiam alguma bênção. O abatido recebia ânimo, o triste voltava contente para casa, o doente recuperava a saúde, o entediado ficava entusiasmado e o angustiado encontrava esperança. As crianças sorriam e suas mães se emocionavam de alegria.

Tão profundo era o anseio de Jesus de ver as pessoas felizes que começou o Sermão do Monte apresentando as célebres bem-aventuranças. Não começou falando de religião ou doutrina, tampouco apontando a hipocrisia de Seus inimigos. Compreendendo a real necessidade do numeroso público ali reunido, começou apresentando a transcendente fórmula da felicidade humana.

## A fórmula mais eficaz

Conforme uma parábola moderna, vários cientistas de renome se propuseram a realizar um plano insólito. Preocupados com o desânimo e a tristeza da população depois da guerra, recorreram ao computador mais avançado para descobrir um modo de tornar as pessoas um pouco mais felizes.

Esse supercomputador poderia oferecer a resposta adequada. Desse modo, o carregaram com todos os dados relativos ao problema que desejavam resolver. Depois, com ansiosa expectativa, teclaram a pergunta: "De que maneira as pessoas podem ser mais felizes?" E, após um prolongado silêncio, apareceu na tela a surpreendente resposta: "Seguindo as bem-aventuranças de Jesus!"

Não foi correta a resposta que deu o computador? A fórmula da felicidade apresentada por Jesus continua sendo a mais adequada e eficaz. O que diz essa antiga fórmula das bem-aventuranças? Seu conteúdo é paradoxal, aparentemente contrário à razão. Mas ali estão a sabedoria e a profundidade desse ensinamento imortal.

O Mestre começou dizendo: "Bem-aventurados os pobres de espírito". Ou seja, os que reconhecem humildemente sua necessidade espiritual, porque assim se aproximarão de Deus, que os encherá de bênçãos. Logo continuou: "Bem-aventurados os que choram". Outra vez, vemos a nota contraditória. Como alguém pode ser feliz enquanto estiver chorando? Não se trata do que chora por alguma dor física, mas do que tem dor na alma, que se dissipa com o bálsamo do Senhor. E esse bálsamo deixa finalmente melhor o espírito do que antes de ter a dor.

## A FONTE DA FELICIDADE  63

No restante das bem-aventuranças aparecem os "mansos", os "que têm fome e sede de justiça", os "misericordiosos", os "puros de coração", os "pacificadores" e os que sofrem injustamente por causa do tratamento que recebem do próximo (Mateus 5:3-11). Todos eles são bem-aventurados ou felizes, porque praticam a bondade, agem com justiça, têm amor fraternal, vivem com pureza, amam a paz e são abençoados quando a maldade alheia é manifestada contra eles.

Dialoguemos com o Mestre:
– Senhor, que significado têm esses princípios de vida íntegra e piedosa?
– Os princípios das bem-aventuranças – nos responde o Mestre – chegam à profundidade do ser e apontam o caminho da redenção. Os que cumprem esses princípios estarão no "reino dos Céus", "herdarão a Terra" e "verão a Deus". Nisso consiste a maior felicidade: não apenas em passar bem os poucos anos da vida terrena, mas em ter a certeza da vida eterna.
– Mas acaso, Senhor, não há felicidade também no bem-estar e nas conquistas pessoais desta vida?
– Sim, essas são alegrias e satisfações que Deus outorga a Seus filhos. Mas, para que sejam profundas e duradouras, devem estar fundamentadas nos princípios transcendentes do amor a Deus e ao próximo. Do contrário, cedo ou tarde, essas "alegrias" se desvanecerão e deixarão vazio o coração. A mera alegria humana é incompleta e fugaz. Por outro lado, a felicidade que procede de Deus é estável e dura tanto quanto aquele a quem redime.

*A maturidade espiritual nos torna compreensivos, flexíveis e bondosos.*

### Atitudes da felicidade

Com Seu ensinamento, Sua companhia e Sua ajuda constante, Jesus alegra o coração. Inclusive, semeia em nossa mente as atitudes mais corretas para termos alegria de viver. Só um Mestre como Ele poderia nos dar tão grande bênção.

Citemos algumas dessas atitudes que contribuem para nossa felicidade:
1. *Entusiasmo*. Ou seja, um espírito resoluto e animoso nas tarefas cotidianas e mesmo em face das dificuldades; a mente positiva que não teme os desafios e o otimismo que sempre nutre a esperança. O entusiasmo é a vitalidade emocional que previne o desalento; é a qualidade da alma que enriquece a força de vontade. É o domínio da alegria sobre a tristeza.
2. *Calma interior*. Quando existe angústia, desassossego ou nervosismo, não pode haver alegria. E, quando a ira e o rancor dominam, tampouco pode se

desenvolver o hábito de ser feliz. Mas, quando a vontade serena o espírito, a calma retém a alegria do coração. Isso é possível com a ajuda diária de Deus.

3. *Espírito de serviço.* A atitude de serviço estimula a alegria de viver. Servir é compartilhar e ajudar; é amar e conviver fraternalmente com o próximo. É fazer algo – grande ou pequeno – para alegrar alguém, o que alegra a própria pessoa. Mexa as mãos, os lábios, a alma para servir por amor, e você será uma pessoa feliz.

4. *Maturidade emocional.* Essa é outra importante atitude que promove a alegria do coração. A maturidade emocional nos torna compreensivos, flexíveis e bondosos com os demais. Leva-nos a esquecer a calúnia recebida, o gesto amargo do próximo, ou a intenção mesquinha do adversário. A verdadeira maturidade nos faz felizes, porque não se detém em futilidades, nem sofre pelas pequenas inconveniências da vida. Guie-se pelo exemplo de Jesus, que buscava sempre o bem dos demais.

5. *Harmonia familiar.* Que fator vital de felicidade! Os pais são felizes somente quando constroem e mantêm a harmonia de seu lar. E os filhos aprendem a alegria de viver quando veem seus pais felizes.

Isso é fundamental nesta época de desagregação familiar. Embora teoricamente todo lar seja um lugar de amor e carinho, vemos muita violência doméstica. No Reino Unido, por exemplo, a violência doméstica é o segundo tipo de crime mais comum, respondendo por cerca de 25% dos incidentes violentos reportados à polícia.[1] A violência familiar, sem dúvida, tem um impacto negativo nas crianças. Estudos mostram que a violência conjugal predomina nos ambientes "com potencial para causar problemas de agressividade e transgressão em crianças" e que "comportamentos agressivos em crianças tendem a manter-se ao longo do tempo e de forma cada vez mais acentuada".[2]

Além disso, os divórcios estão se multiplicando em várias partes do mundo, incluindo os países da América Latina. Em 2007, segundo pesquisa do Instituto Brasileiro de Geografia e Estatística (IBGE), foram realizados 916.006 casamentos no Brasil, mas o número de divórcios chegou a 231.329, ou seja, para cada quatro casamentos foi registrada uma dissolução. A taxa de divórcios no país cresceu 200% em pouco mais de 20 anos (1984-2007). O interessante é que um estudo do Banco Interamericano de Desenvolvimento (BID) sugere uma ligação entre as novelas da maior rede de TV do Brasil, com suas críticas aos valores tradicionais, e um aumento no número de divórcios no país nas últimas décadas.[3] Sem julgar os motivos de ninguém, podemos dizer que o sonho de Deus para as famílias não está sendo levado a sério por muita gente. Veja a porcentagem de novos casamentos que terminam em divórcio em alguns países:[4]

| País | Divórcios (% de casamentos) | País | Divórcios (% de casamentos) |
|---|---|---|---|
| Suécia | 54,9 | Rússia | 43,3 |
| Finlândia | 51,2 | Reino Unido | 42,6 |
| Luxemburgo | 47,4 | Noruega | 40,4 |
| Austrália | 46 | França | 38,3 |
| Estados Unidos | 45,8 | Holanda | 38,3 |
| Dinamarca | 44,5 | Hungria | 37,5 |
| Bélgica | 44 | Canadá | 37 |
| Áustria | 43,4 | Portugal | 26,2 |

Mantemos dentro de nosso lar um clima de harmonia, cordialidade e amor, para tornar felizes todos os membros da família? O Senhor alegra nossos lares quando Lhe pedimos ajuda e bênçãos. Eleve hoje uma oração em favor de sua família. Faça isso todos os dias. Deus o recompensará.

6. *Fé sincera em Deus*. O Senhor nos faz felizes quando confiamos nEle; quando procuramos Sua amizade e falamos com Ele; quando Sua morada em nosso coração nos leva a viver com retidão. Dizem as Escrituras: "Bendito o homem que confia no Senhor e cuja esperança é o Senhor" (Jeremias 17:7).

## A euforia de crer

Das seis atitudes que acabamos de citar para o alcance da felicidade, a última delas merece consideração adicional. Refiro-me à fé ou confiança em Deus, mediante a qual o Senhor dissipa as sombras do coração e nos outorga genuíno contentamento.

Um avô havia levado ao circo vários de seus netinhos. A ideia era que todos eles passassem um momento alegre e divertido. Contudo, o neto mais novo se assustou com um dos números do circo, e se pôs a chorar. Então, o avô, para tranquilizar o pequenino, disse-lhe: "Trouxe você aqui para que se divirta. Pare de chorar!" Mas o menino continuou chorando.

Assim como o circo foi incapaz de fazer rir o menino de pouca idade, muitos outros recursos utilizados para alegrar os adultos só produzem um prazer exterior e momentâneo. Mas o que o circo da vida mundana não pode dar, a fé que nos une ao Senhor nos dá em abundância. Junto de Jesus tudo é muito melhor. Caso seja algo prazeroso, o desfrutamos muito mais; se é alguma adversidade ou momento amargo, tudo se torna mais suportável. A fé nos capacita a corrigir o mal, aumentar o que é bom e desfrutar o que é melhor.

Acima de tudo, o apóstolo Paulo nos assegura que a salvação se recebe "mediante a fé" em Jesus (Romanos 3:25). A fé não é o fundamento da salvação, mas o meio ou instrumento pelo qual nos apropriamos de Cristo e Sua justiça; é a mão vazia que se estende e recebe a justiça ao aceitar a Cristo.

A fé não só nos capacita a receber a salvação, mas também as demais bênçãos que Deus nos prometeu. Muitos, "por meio da fé, subjugaram reinos, praticaram a justiça, obtiveram promessas, fecharam a boca de leões, extinguiram a violência do fogo, escaparam ao fio da espada, da fraqueza tiraram força, fizeram-se poderosos em guerra, puseram em fuga exércitos de estrangeiros" (Hebreus 11:33, 34).

Como podemos desenvolver a fé? Estudando a Palavra de Deus: "De sorte que a fé é pelo ouvir, e o ouvir pela palavra de Deus" (Romanos 10:17, ARC). E também nos aproximando de Jesus, definido pelo autor de Hebreus (12:2) como "o Autor e Consumador da fé".

Mas isso é apenas uma parte do todo. A história continua...

---

[1] Ver Issues Related to Bullying, *site* do UK National Workplace Bullying Advice Line, em www.bullyonline.org/related/domestic.htm.

[2] Renata Pesce, "Violência Familiar e Comportamento Agressivo e Transgressor na Infância: Uma Revisão da Literatura", *Ciência & Saúde Coletiva* 14 (2009), disponível em http://www.scielosp.org/scielo.php?script=sci_arttext&pid=S1413-81232009000200019.

[3] "A exposição a estilos de vida modernos mostrados na TV, a funções desempenhadas por mulheres emancipadas e a uma critica aos valores tradicionais mostrou estar associada aos aumentos nas frações de mulheres separadas e divorciadas nas áreas municipais brasileiras", diz a pesquisa. Ver Alberto Chong e Eliana La Ferrara, "Television and Divorce: Evidence from Brazilian Novelas", disponível em http://www.iadb.org/res/publications/pubfiles/pubWP-651.pdf.

[4] Os dados são de 2002. Hoje provavelmente as estatísticas apontem indices ainda maiores em alguns países, embora possam ter caído em outros.

### PARA RECORDAR

1. **Para ser feliz e pertencer ao reino de Deus, a pessoa precisa praticar os ensinos de Jesus.**
"Nem todo o que Me diz: Senhor, Senhor! entrará no reino dos Céus, mas aquele que faz a vontade de Meu Pai, que está nos Céus" (Mateus 7:21).

2. **O conhecimento experimental de Deus e de Jesus significa vida eterna.**
"E a vida eterna é esta: que Te conheçam a Ti, o único Deus verdadeiro, e a Jesus Cristo, a quem enviaste" (João 17:3).

3. **A fé é o método de nos relacionarmos com Deus. Ela nos habilita a receber a salvação oferecida por Jesus, além de outras bênçãos.**
"De fato, sem fé é impossível agradar a Deus, porquanto é necessário que aquele que se aproxima de Deus creia que Ele existe e que Se torna galardoador dos que O buscam" (Hebreus 11:6).

Capítulo 9

# Milagres Prodigiosos

**Toda a vida de Jesus** foi um permanente e gigantesco milagre, desde o nascimento em Belém até a ressurreição e posterior ascensão ao Céu. Não é de estranhar, então, que Sua atividade diária estivesse também repleta de feitos providenciais e milagrosos. No entanto, às vezes, o Senhor encontrava rejeição para com Sua nobre tarefa.

Onde Jesus era aceito de bom grado, permanecia com gosto realizando Seus atos de amor; e onde era rejeitado e perseguido, como aconteceu em Seu próprio povoado de Nazaré, o Mestre não podia realizar livremente Sua obra. Ali quase não havia pregação nem milagres.[1]

O mesmo ocorre em nossos dias. Aqueles que se aproximam do Senhor com fé recebem plena bênção, e aqueles que rejeitam obstinadamente Seu amor ficam com a alma vazia, como os habitantes de Nazaré no passado. Muitos se privam do favor divino simplesmente porque adotam a atitude hostil e indiferente do incrédulo. Mas você e eu podemos desfrutar os favores do Senhor.

## Milagres diversos

Jesus fez muitos milagres, especialmente curas. Não temos informação sobre a quantidade de doentes que Ele curou, mas "onde quer que Ele entrasse nas aldeias, cidades ou campos, punham os enfermos nas praças, rogando-Lhe que os deixasse tocar ao menos na orla da Sua veste; e quantos a tocavam saíam curados" (Marcos 6:56).

No livro *O Fascínio dos Milagres*, Marcos De Benedicto destaca que "cerca de um quinto dos evangelhos é dedicado às curas de Jesus ou às discussões" sobre elas, uma proporção notável. "Dos 3.779 versículos dos quatro evangelhos, pelo menos 727 relacionam-se de algum modo com cura ou com ressurreição", enquanto "38,5% da parte narrativa (484 em 1.257 versículos) são dedicados à descrição dos milagres de cura realizados por Jesus".²

Jesus fez tantos milagres porque eles revelavam quem Ele era e indicavam a natureza de Sua missão. Mais do que apenas um fenômeno prodigioso, o milagre é um sinal. "No sentido bíblico, o milagre é uma intervenção graciosa, visível e intencional de Deus no mundo, com múltiplos propósitos. O milagre não é o sagrado em si mesmo, mas um sinal que aponta para ele."³ Os milagres de Jesus mostravam que Ele era o Filho de Deus. Eram sinais de um novo tempo, sinais de esperança.

Os milagres que o Senhor fez pelos doentes não só mostram Seu poder para vencer a enfermidade, mas também revelam Sua disposição compassiva e amável em favor dos necessitados do mundo. Até hoje, Jesus cura nossas doenças e nos ajuda a combatê-las mediante a fé e o correto cuidado de nossa saúde. Ele é nosso Médico infalível e nosso Amigo forte que nos quer ver sempre bem, com novas esperanças no coração.

Recordemos alguns milagres de Jesus, pois nossa fé cresce quando pensamos em tais atos de amor e de poder:

1. *Transformou água em vinho.* O primeiro milagre que o Senhor realizou foi numa festa de casamento, na pequena Caná da Galileia. O suco de uva havia acabado muito antes de a festa terminar, de modo que houve grande ansiedade ao querer superar o problema.

Foi então que Maria contou a Jesus o que estava acontecendo, e ali Ele realizou o espetacular milagre de converter em vinho seis grandes potes de água que, previamente, por pedido do Mestre, tinham sido enchidos completamente (João 2:1-11).

Quando a necessidade surgiu, o Senhor Se mostrou como o divino Provedor, e o problema foi resolvido. Você tem alguma necessidade na vida, no lar ou no trabalho? Tem algum pesar no coração? Recorra a Cristo. Ele continua fazendo milagres! Peça Sua ajuda, e Ele suprirá o que lhe falta. Vá a Ele antes que tudo piore. Aquele que no passado transformou a água em vinho pode, hoje, converter seus problemas em soluções, suas desgraças em bênçãos, suas tristezas em alegrias.

2. *Curou os doentes.* Jesus foi o grande Médico para todos os doentes que se aproximaram dEle. Muitos já tinham perdido a esperança de recuperar a saúde e se locomoviam de lugares distantes para rogar a intervenção milagrosa do Senhor. Era a última possibilidade que lhes restava para vencer a doença, e, quando eram curados, sua alegria não tinha limite. Voltavam a se sentir fortes e, emocionados, se reintegravam à vida normal.

O relato bíblico diz que se aproximaram de Jesus "muitas multidões trazendo

## MILAGRES PRODIGIOSOS 69

consigo coxos, aleijados, cegos, mudos e outros muitos e os largaram junto aos pés de Jesus; e Ele os curou. De modo que o povo se maravilhou ao ver que os mudos falavam, os aleijados recobravam saúde, os coxos andavam e os cegos viam" (Mateus 15:30, 31).

O poder de Jesus estava acima de qualquer enfermidade. Curou um homem de Betesda que havia 38 anos estava paralítico (João 5:5-9). Curou os leprosos de seu terrível mal (Mateus 8:2, 3; Lucas 17:12-17). Devolveu a vista aos cegos (Mateus 9:27-30; 12:22). Libertou os endemoninhados (Mateus 8:16; 8:28-32). Toda enfermidade se retirava diante da ordem do Médico divino. Não havia doença que Ele não vencesse com o poder de Sua palavra. De todos tinha compaixão (Mateus 9:36). Não podia permanecer imóvel diante da dor das pessoas.

3. *Duas vezes acalmou a tormenta*. As ondas do Mar da Galileia açoitavam o barco, e os discípulos estavam para naufragar. Mas, em meio ao perigo, Jesus ordenou que o vento cessasse, e a calma se restabeleceu. Mostrou-Se assim como o poderoso Senhor das forças da natureza, para quem nada é impossível (Mateus 8:23-27; Marcos 6:47-51).

Você tem, às vezes, tormentas na vida? Conflitos, amarguras, frustrações ou ameaças? No pequeno mar da sua vida, o Senhor pode acalmar toda angústia, temor ou perigo. Basta pedir-Lhe com fé que atue em seu favor, e Ele inundará de paz seu coração.

*O mesmo Jesus que multiplicou os pães e os peixes poderá saciar a fome e a sede do seu coração.*

4. *Duas vezes multiplicou os pães e os peixes*. Esses milagres deixavam atônitos os que se beneficiavam deles. Milhares de homens, mulheres e crianças comeram e se saciaram com o alimento que saiu das mãos de Jesus. Esses dois milagres espetaculares revelaram o poder ilimitado do Senhor e Sua amorosa consideração para com os famintos do mundo (Marcos 6:35-44; 8:1-9).

Você está com fome neste momento por estar desamparado e sem trabalho? Peça ao Senhor que lhe dê algo para comer. Ele pode fazer um milagre em seu favor. Enquanto isso, procure algum trabalho para garantir o pão e, buscando, o encontrará.

Mas, se sua necessidade for espiritual, o mesmo Jesus que multiplicou os pães e os peixes poderá saciar a fome e a sede do seu coração. Com Jesus, o vazio da alma desaparece. Aproxime-se dEle com fé, diga-Lhe o que necessita, e Ele atenderá generosamente seu pedido. Os milagres do Senhor ainda ocorrem.

5. *Amaldiçoou a figueira.* Jesus estava com fome e Se aproximou de uma figueira à beira do caminho para comer de seu fruto. Mas a planta tinha apenas folhas e nenhum figo. A abundante folhagem fazia parecer que tinha fruto. Contudo, o Senhor Se decepcionou ao não encontrar um só figo. Então disse: "Nunca mais nasça fruto de ti! E a figueira secou-se imediatamente" (Mateus 21:18-20). O que obteve Jesus com esse surpreendente milagre? Primeiro, revelou Seu poder sobrenatural, como nos outros milagres. E, em segundo lugar, condenou a aparência enganosa da figueira estéril. Desse fato surge a grande lição que quis ensinar o Mestre: a gravidade da hipocrisia e da falsa aparência, em contraste com a nobreza da sinceridade. Até hoje o Senhor repreende quem vive aparentando, ao passo que bendiz e faz prosperar a pessoa sincera.

**Poder sobre a morte**

Se os milagres mencionados nos causam assombro, mais maravilhados ficamos ao recordar que Jesus ressuscitou os mortos.

• Quando a filha de Jairo faleceu, Jesus foi à casa da família e ali devolveu a vida à menina de 12 anos de idade. Ordenou que ela se levantasse, e ela se levantou e se pôs a caminhar. Esse milagre extraordinário produziu espanto entre os presentes (Marcos 5:21-24; 35-43).

• Em outra ocasião, quando chegou perto da pequena cidade de Naim, o Senhor viu que levavam o corpo sem vida de um jovem cuja mãe era viúva. Compadecendo-Se dela, aproximou-Se do caixão, e o cortejo fúnebre se deteve. Então, Jesus disse: "Jovem, Eu te mando: levanta-te!" O jovem recobrou a vida e falou. Era natural, então, que a fama do Senhor se difundisse por todo o país (Lucas 7:11-17).

• Mas o exemplo mais notório é a ressurreição de Lázaro. Fazia quatro dias que o corpo de Lázaro estava no sepulcro, em processo inevitável de decomposição. Portanto, o que poderia fazer o Senhor? Ninguém julgava que Ele devolvesse a vida a Seu amigo. Porém, Jesus disse a Marta: "Teu irmão há de ressurgir", e acrescentou as palavras imortais e consoladoras: "Eu sou a ressurreição e a vida. Quem crê em Mim, ainda que morra, viverá."

Então o Mestre, ao ver a dor de todos os que acompanhavam, "agitou-Se no espírito", "comoveu-Se" e "chorou". Em seguida, o Senhor Se dirigiu ao túmulo de Seu amigo morto, e ali chamou em alta voz: "Lázaro, vem para fora!" E o morto se levantou e saiu com vida (João 11:17-44).

Observe que Jesus disse para Lázaro sair da sepultura, não para voltar do Céu. Por quê? Porque, quando a pessoa morre, não vai para o Céu. Jesus ensinou que a morte é como um sono. Por isso, antes de ressuscitar Lázaro, disse:

# MILAGRES PRODIGIOSOS  71

"Nosso amigo Lázaro adormeceu, mas vou para despertá-lo". Em seguida foi mais específico: "Lázaro morreu" (João 11:11, 14). Se Lázaro tivesse ido para o Céu, que necessidade teria o Mestre de trazê-lo de novo à Terra? Não estaria ele muito bem lá? Além disso, seria incompreensível que, depois de sua ressurreição, Lázaro não tivesse contado nada sobre as maravilhas do Céu, aonde supostamente teria ido. A Bíblia é clara ao dizer: "Porque os vivos sabem que hão de morrer, mas os mortos não sabem coisa nenhuma, nem tampouco terão eles recompensa, porque a sua memória jaz no esquecimento" (Eclesiastes 9:5). Sobre quem falece, o salmista diz: "Nesse mesmo dia, perecem todos os seus desígnios" (Salmo 146:4).

Os mortos continuam descansando num sono de inconsciência, até a hora em que Jesus ressuscitará os justos, por ocasião de Sua segunda vinda à Terra (1 Tessalonicenses 4:14-18). Dessa maneira, em vez de produzir espanto e terror, a morte é vista como a cessação total da vida. Por isso, o consolador ensino de Paulo diz: "Não queremos, porém, irmãos, que sejais ignorantes com respeito aos que dormem, para não vos entristecerdes como os demais, que não têm esperança" (1 Tessalonicenses 4:13).

É bom ver que hoje muitos teólogos de várias denominações têm procurado desmascarar o que o Dr. Samuelle Bacchiocchi chama de "a mais antiga e possivelmente maior mentira de todos os tempos, ou seja, a de que os seres humanos possuem almas imortais que vivem para sempre".[4] É uma pena que, apesar desses estudos e do ensino claro da Bíblia sobre o destino do ser humano ao morrer, uma parcela crescente da população tem buscado esperança em crenças errôneas, que só trazem falsas esperanças. O problema é que as pessoas aceitam a ideia dualista de que existe uma dicotomia entre alma e corpo, enquanto a Bíblia ensina o conceito holístico (indivisível, integral). Quais são as implicações? O Dr. Bacchiocchi explica:

> O dualismo define a morte como separação de alma e corpo; o estado dos mortos como de existência consciente de almas desincorporadas, seja na bem-aventurança do paraíso ou no tormento do inferno; a ressurreição como a religação de um corpo material glorificado com uma alma espiritual; a esperança cristã como a ascensão da alma para a bem-aventurança do paraíso; a punição final como o tormento eterno do corpo e da alma no fogo do inferno, e o paraíso como um retiro espiritual, celestial, onde santos espirituais glorificados passam a eternidade em infinita contemplação e meditação.

Em contraste, os cristãos que aceitam *o ponto de vista holístico bíblico da natureza humana*, que consiste de uma unidade indivisível de corpo, alma e espírito, também imaginam um *tipo holístico de vida e destino humanos*. Definem *holisticamente* a morte como a cessação da vida para a pessoa *inteira*; o estado dos mortos como o descanso da pessoa *completa* na sepultura até a ressurreição; a esperança cristã fundamentada na expectativa do retorno de Cristo para ressuscitar a pessoa *inteira*; a punição final como o aniquilamento da pessoa *completa* no fogo do inferno; o paraíso como este planeta *inteiro* restaurado à sua perfeição original, e habitado por pessoas reais que se empenharão em atividades reais. A posição *holística* bíblica da natureza humana determina a visão *realística* desta vida e do mundo por vir.[5]

A crença na existência consciente após a morte é baseada na ideia de que o ser humano tem uma alma imortal. Mas esse ensino não vem da Bíblia. O único ser que possui imortalidade é Deus (1 Timóteo 6:16). A vida eterna do ser humano é um presente de Deus através de Cristo. Por isso, no contexto da ressurreição de Lázaro, Jesus disse: "Eu sou a ressurreição e a vida. Quem crê em Mim, ainda que morra, viverá" (João 11:25).

Se a pessoa que morre continuasse vivendo em um plano diferente, não haveria necessidade da cruz, nem de ressurreição, nem da segunda vinda de Jesus, nem do julgamento final, enfim, do cristianismo! Nesse caso, a pessoa teria vida original em si mesma e não precisaria da vida eterna oferecida por Jesus! Caro leitor, busque a esperança na fonte da vida, que é Cristo. Não se iluda com falsificações!

Voltando ao episódio da ressurreição de Lázaro, as pessoas ficaram mudas de assombro diante de um milagre de tal proporção. Já não era possível duvidar da divindade de Cristo. Por isso, a partir de então, muitos creram nEle. Primeiro, Jesus tinha ressuscitado uma menina; depois, um jovem; e, por fim, Seu amigo adulto Lázaro. Mostrou assim que tinha poder sobre a morte e que podia ressuscitar qualquer pessoa, de qualquer idade.

Muitas pessoas hoje, embora tenham vivo o corpo, têm morta a alma! Estão mortas as esperanças, e precisam de forças para perseverar na luta de cada jornada. Mas Jesus pode devolver a vitalidade e a esperança perdida.

Você se sente às vezes como se estivesse morto? Sua alegria paralisou, ou faleceu o entusiasmo? Acha que não pode suportar o peso da dor? Entregou-se na batalha da vida? Então, volva seu coração ao Senhor dos milagres. Jesus pode restaurar suas energias e dar-lhe vida nova. Aquele que no passado levantou os mortos, hoje pode levantar seu ânimo. O poder de Jesus não acabou. Recorra a Ele quando for difícil montar o quebra-cabeça de sua vida, quando seus problemas crescerem em dificuldade, ou quando sua esperança enfraquecer. Você poderá, então, superar as barreiras e vencer seus conflitos. A vida voltará a lhe sorrir.

**O maior milagre**

Depois de tantos milagres diante da vista do povo, os inimigos de Jesus tiveram a coragem de Lhe dizer: "Mestre, queremos ver de Tua parte algum sinal" (Mateus 12:38). Acaso não tinham visto todas as maravilhas que Ele havia realizado? Ainda queriam mais?

O Mestre lhes deu uma resposta muito diferente da que esperavam: "Uma geração má e adúltera pede um sinal; mas nenhum sinal lhe será dado, senão o do profeta Jonas. Porque assim como esteve Jonas três dias e três noites no ventre do grande peixe, assim o Filho do Homem estará três dias e três noites no coração da terra" (12:39, 40). Com essas palavras, Jesus predisse os três dias que passaria no túmulo desde Sua morte na cruz até a hora de Sua ressurreição.[6]

Quando isso aconteceu, que outro sinal podiam pedir os inimigos de Cristo para se convencer de Sua autêntica divindade? Mas, lamentavelmente, como "não há cego pior do que o que não quer ver", muitos desses inimigos viram os prodígios realizados pelo Mestre, mas continuaram com sua dureza de coração. Felizmente, alguns

*O maior milagre é a transformação do coração.*

reconheceram seu erro e terminaram seguindo o Mestre. Como acontece ainda em nossa época, uns eram contra Cristo; outros, a favor dEle. Uns permaneceram presos à sua incredulidade e preconceitos; outros preferiram desfrutar a bênção de seguir o Senhor. Em qual desses dois grupos você se encontra?

Os milagres de Jesus curaram a enfermidade física dos doentes. Contudo, Ele queria curar também o coração de todas as pessoas. Esse foi Seu maior interesse. Por isso, influenciou Seus discípulos e lhes transformou o caráter; mudou a vida de homens e mulheres da pior reputação; transformou os líderes do povo que buscaram Sua companhia e ajuda.

Jesus tinha vindo ao mundo para dar vida eterna a todos os que cressem nEle, não meramente para prolongar por uns anos a vida dos enfermos que Ele curava. Em Seu anelo de assegurar-lhes a eternidade, apontou o caminho que conduz ao reino de Deus. Disse a Nicodemos: "Se alguém não nascer de novo, não pode ver o reino de Deus" (João 3:3).

Esse novo nascimento espiritual, ou conversão da vida, não se produz mediante o esforço pessoal. A autoajuda é insuficiente. Trata-se de uma transformação profunda do coração, que só Cristo pode efetuar por meio do Espírito Santo (João 3:4-8). O maior milagre que o Senhor quer realizar em nossa vida é conceder-nos um novo coração, e a salvação eterna como o grande presente de Seu amor.

Um jovem delinquente passou pela experiência do novo nascimento na prisão e comentou: "Cometi todo tipo de crime. Até tentei matar meu próprio irmão. Eu era uma pessoa temível e abominável. Mas hoje digo com alegria que o que Satanás destrói, Jesus o reconstrói com Seu amor. Apesar de estar dentro dos enormes muros desta prisão, me sinto livre e renovado pela obra de Cristo em meu coração."

Não lhe parece assombroso o poder de Jesus para mudar nossa vida? Ele torna confiável o enganador, honrado o ladrão, limpo o corrupto, bom o perverso, sóbrio o viciado, crente o incrédulo... Jesus é capaz de realizar esses milagres genuínos e profundos em nosso favor. Mas isso não é tudo. A maravilhosa história ainda continua...

---

[1] Veja Mateus 13:58; Marcos 6:5; Lucas 4:23, 24, 28, 29.

[2] Marcos De Benedicto, *O Fascínio dos Milagres* (Engenheiro Coelho: Unaspress, 2005), p. 65, 66.

[3] Ibid., p. 8.

[4] Samuelle Bacchiocchi, *Imortalidade ou Ressurreição?* (Engenheiro Coelho: Unaspress, 2007), p. 2.

[5] Ibid., p. 4, 5, itálicos no original.

[6] Jesus usou aqui o método inclusivo para contar os dias. Assim, embora tenha estado no túmulo apenas no sábado como dia inteiro, as pequenas porções da sexta e do domingo (até a ressurreição) se contam como dias completos, fazendo um período de "três dias".

### PARA RECORDAR

**1. Deus validou o ministério de Jesus através de muitos milagres.**
*"Varões israelitas, atendei a estas palavras: Jesus, o Nazareno, [foi um] varão aprovado por Deus diante de vós com milagres, prodígios e sinais, os quais o próprio Deus realizou por intermédio dEle entre vós, como vós mesmos sabeis"* (Atos 2:22).

**2. Os milagres de Jesus revelavam quem Ele era e indicavam a natureza de Sua missão. Por isso, não havia desculpa para não crer nEle.**
*"Se não faço as obras de Meu Pai, não Me acrediteis; mas, se faço, e não Me credes, crede nas obras; para que possais saber e compreender que o Pai está em Mim, e Eu estou no Pai"* (João 10:37, 38).

**3. Os milagres de Jesus foram registrados para estimular nossa fé.**
*"Na verdade, fez Jesus diante dos discípulos muitos outros sinais que não estão escritos neste livro. Estes, porém, foram registrados para que creiais que Jesus é o Cristo, o Filho de Deus, e para que, crendo, tenhais vida em Seu nome"* (João 20:30, 31).

**Capítulo 10**

# Nascido para Morrer

**Nascer para morrer!** Essa é uma ideia estranha e contraditória dentro da lógica humana. O normal é nascer para viver, para desfrutar a vida, e em todo caso para alcançar depois a vida eterna. Mas Jesus constitui a exceção única em todo o Universo. Ele mesmo declarou que "não veio para ser servido, mas para servir, e dar Sua vida em resgate por muitos" (Marcos 10:45).

Esse propósito foi tão transcendente e comovedor na vida de Cristo que os quatro evangelhos dedicam mais de um terço de suas páginas para descrever a paixão, a morte e a ressurreição do Senhor. Jesus não teve um interesse maior ou uma motivação mais profunda. Afinal, para isso Ele veio ao mundo. E para o cumprimento de tal finalidade concentrou todo Seu amor, pensando sempre na redenção da família humana.

O mundo devia ser salvo. A ovelha extraviada devia ser encontrada. A maldade devia ser vencida, e a morte derrotada. Um só Ser podia realizar essa tarefa suprema: Jesus, o Deus encarnado, o Messias prometido, que, "subsistindo em forma de Deus, não julgou como usurpação o ser igual a Deus; antes a Si mesmo Se esvaziou, assumindo a forma de servo, tornando-Se em semelhança de homens; e [...] a Si mesmo Se humilhou, tornando-Se obediente até a morte e morte de cruz" (Filipenses 2:6-8).

Não existe palavra humana que possa explicar essa dimensão infinita de amor. Não há mente que o possa entender em sua plenitude. Nisso consiste o chamado "mistério da piedade" (1 Timóteo 3:16) ou, ainda no dizer de Paulo, o "maravilhoso e glorioso segredo" (Colossenses 1:27, NTLH).

## A coroa e a cruz

Depois da primeira multiplicação dos pães e dos peixes, os homens ficaram tão assombrados que disseram: "Este é, verdadeiramente, o Profeta que devia vir ao mundo." E, como Jesus entendeu que "iam vir com o intuito de arrebatá-Lo para O proclamarem rei, retirou-Se novamente, sozinho, para o monte" (João 6:14, 15).

Mas o que recusou a coroa de rei teve uma coroa de espinhos na cruz. Depois do juízo mais vil que se conhece, Pilatos apresentou Jesus diante da multidão, e disse: "Eis o homem!" A resposta foi: "Crucifica-O! Crucifica-O!" Momentos mais tarde, Pilatos voltou a apresentar o inocente e disse: "Eis aqui o vosso rei!" E a resposta foi a mesma: "Crucifica-O!" (João 19:5, 6, 14, 15). A mente do povo estava fechada e o coração endurecido.

Finalmente, o covarde Pilatos, tendo lavado as mãos, disse: "Estou inocente do sangue deste justo; fique o caso convosco." Entretanto, mandou açoitar Jesus e O entregou para que O crucificassem (Mateus 27:24-26). Que baixeza a de Pilatos! Embora tenha lavado as mãos, ficou com a consciência manchada até o fim de seus dias.

Com total submissão, Jesus aceitou a sentença de morte. Ele seria crucificado e o criminoso Barrabás ficaria em liberdade. Jesus foi açoitado! Açoitado por Sua inocência! "Logo a seguir [...], tecendo uma coroa de espinhos, puseram-Lha na cabeça e, na mão direita, um caniço. [...] E, cuspindo nEle, tomaram o caniço e davam-Lhe com ele na cabeça" (Mateus 27:26-31). Da sala do julgamento, Jesus foi levado ao monte Calvário fora da cidade. Exausto como estava, não conseguindo carregar a cruz, foi ajudado por Simão Cireneu, que passava pelo lugar.

Às 9h da manhã, Jesus foi cruelmente cravado na cruz e levantado com não menos crueldade pelos mesmos soldados romanos. Cumpriram-se assim as palavras escritas pelo profeta Isaías, sete séculos antes: "Era desprezado e o mais rejeitado entre os homens; homem de dores e que sabe o que é padecer [...]. Ele foi oprimido e humilhado, mas não abriu a boca; como cordeiro foi levado ao matadouro [...]. Por juízo opressor foi arrebatado, e de Sua linhagem, quem dela cogitou? Porquanto foi cortado da terra dos viventes; por causa da transgressão do meu povo, foi Ele ferido" (Isaías 53:3, 7, 8).

### Surpreendente contradição

• O mesmo Senhor que havia modelado o homem com Suas mãos quando o criou, agora tinha as mãos cravadas na cruz.

• O mesmo Jesus que havia caminhado tanto de povoado em povoado, e até sobre as ondas do mar, agora tinha os pés imóveis e sangrando sobre o madeiro.

• O mesmo Senhor que criou o Universo infinito com o poder de Sua palavra, agora apenas podia balbuciar algumas frases da cruz.

# NASCIDO PARA MORRER 77

- O mesmo Jesus que criou os oceanos, os mares e as fontes das águas, agora dizia "tenho sede", e não teve quem Lhe desse sequer um copo de água.
- O mesmo Jesus que havia curado tantos doentes, agora não tinha ninguém a Seu lado que acalmasse Sua horrível dor na cruz.
- Quem deveria receber o melhor tratamento dos homens foi quem pior tratamento recebeu.
- Quem não mereceu sofrer foi quem mais sofreu.
- O maior inocente da história foi crucificado entre ladrões como o maior culpado.

O Criador da vida sofreu injustamente a morte. Mas Sua morte, longe de ser uma derrota, foi a expressão mais sublime da vitória do amor divino. Quem oferecia assim a vida por nós era nosso Deus e Redentor. Quem poderia nos amar tanto como Ele?

Seu amor inefável nos acompanha até hoje. O sangue que Ele verteu na cruz continua nos purificando e assegurando o perdão de nossos pecados. Quem aceita pela fé essa entrega redentora tem vida para sempre!

*A morte de Cristo na cruz foi a vitória do amor divino.*

**Palavras inesquecíveis**

Enquanto era julgado, com engano e testemunhas falsas, Jesus guardou silêncio. Não Se defendeu, nem argumentou, nem pediu ajuda humana. Levou o silêncio e a dor até a cruz. Ali, em meio ao indescritível sofrimento, tampouco saiu de Seus lábios uma só expressão de condenação ou queixa contra Seus cruéis carrascos.

As poucas frases que Jesus pronunciou durante as horas de Sua crucifixão foram palavras de amor, entrega e perdão. Foram os sete "dizeres" ou expressões que hoje a cristandade recorda com veneração. Foram as últimas palavras de Cristo antes de expirar. Conservam profundo significado espiritual e despertam nobre inspiração.

Recordemos em ordem cronológica esses dizeres do Senhor:

1. *"Pai, perdoa-lhes, porque não sabem o que fazem"* (Lucas 23:34). A dor atroz que suportava não O impediu de expressar compaixão para com Seus carrascos. Pediu ao Pai que os perdoasse porque, em sua ignorância, não sabiam realmente o que estavam fazendo.

Aquele que havia perdoado generosamente os pecadores que desejavam a purificação de sua alma continuava ansiando – mesmo da cruz – que os maus fossem perdoados. Enquanto uns e outros zombavam de Jesus (Lucas 23:35-38), Ele pedia misericórdia para todos eles. Até hoje, de Seu trono, Jesus nos oferece amplo perdão, não importa quais sejam nossas faltas e transgressões. Sim, Ele lava nossas culpas com Seu amor perdoador!

O perdão faz parte da natureza de Deus e de Seu plano para a humanidade. Ele não é fácil, mas é necessário. "Existimos porque Deus nos deu vida através da criação, e, quando devíamos ter morrido [por causa do pecado], Ele nos deu nova vida por meio do perdão concedido com base na cruz de nosso Salvador e Senhor, Jesus Cristo", escreve a Dra. Lourdes Morales-Gudmundsson. "O mandato do perdão é tão central para nossa fé que ignorá-lo é ignorar nossa própria salvação."[1] O perdão é um ato de amor com base no próprio modo de agir de Deus. Por isso, deve ser oferecido até a quem não o merece. "O perdão humano é, por um lado, o ato de graça que não pede nada e abre o caminho para a cura, e, por outro lado, é aquele ato de graça que requer a transação da confissão e da mudança para que a promessa do perdão possa ser mantida."[2] Receber o perdão de Jesus é receber o amor de Deus no coração e perdoar é expressar o amor de Jesus que está no coração. Para seu próprio bem-estar espiritual, emocional e físico, receba o perdão e perdoe!

2. *"Em verdade te digo hoje: estarás comigo no paraíso"* (Lucas 23:43, NRV). Jesus fez essa promessa ao ladrão arrependido que estava padecendo sua própria crucifixão. Essa promessa é maravilhosa. Não importa quão pecadores somos, Jesus tem uma promessa para nós. Não importa onde estamos, a salvação pode nos alcançar. Mesmo que tenhamos uma vida marcada por erros, se nos arrependermos e pedirmos a salvação a Jesus, Ele nos dará a certeza de vida eterna no paraíso celestial. Como é alentador saber que no reino de Deus há lugar para todo pecador arrependido e perdoado, incluindo você e eu!

Com base nessa promessa de Jesus, muitos leitores acham que a pessoa que morre vai para o Céu imediatamente. Mas não é isso que a Bíblia ensina. Note que essa segunda frase de Jesus foi a resposta ao pedido do ladrão: "Lembra-te de mim quando vieres no Teu reino." O Senhor lhe assegurou que lhe daria um lugar no Seu reino eterno quando viesse para estabelecê-lo. Ele não disse ao ladrão que naquele mesmo dia estaria no paraíso. Nem o ladrão lhe havia pedido isso. Seu pedido foi: "Lembra-Te de mim quando vieres no Teu reino" (Lucas 23:42). E o Senhor lhe respondeu: "Te digo hoje: estarás [não *hoje* estarás] comigo no paraíso" (v. 43).

Uma evidência de que Jesus não estava dizendo que o ladrão arrependido iria naquele dia para o Céu junto com Ele é que nem mesmo o próprio Cristo ascendeu naquele dia ao Céu. Por isso, no domingo da ressurreição, Jesus disse a Maria: "Não Me detenhas; porque ainda não subi para Meu Pai" (João 20:17). Jesus ascendeu ao Céu 40 dias depois (Atos 1:1-3, 9). Assim, o ladrão não foi ao Céu ou ao paraíso imediatamente depois de sua morte, por mais que Jesus tivesse perdoado seus pecados. Em nenhum caso a morte é seguida por alguma forma de vida, seja "reencarnação", "imortalidade da alma" ou "espírito incorpóreo".

Parte da confusão surge porque a maioria das traduções traz uma vírgula (ou dois pontos) antes da palavra "hoje" e, assim, se sugere que o ladrão entrou no paraíso naquele mesmo dia. Porém, essa pontuação é determinada pelo ponto de vista teológico do tradutor, uma vez que não havia pontuação no texto original grego. A pontuação que vemos na Bíblia hoje se tornou comum apenas por volta do 9º século d.C.

Como esse assunto é importante para nossa compressão do destino das pessoas, vale a pena mencionar um detalhe técnico aqui. Os estudiosos discutem se o advérbio "hoje" (grego *sémeron*) estaria ligado ao verbo que o sucede ("estar") ou ao verbo que o antecede ("dizer"). Embora as traduções geralmente optem pela primeira alternativa ("te digo, *hoje estarás* comigo no paraíso"), existem algumas traduções que preferem a segunda opção ("te *digo hoje*, estarás comigo no paraíso"), como é o caso da versão em espanhol Nueva Reina-Valera. Já a Tradução Ecumênica da Bíblia em português preferiu manter a ambiguidade do texto original grego: "Em verdade Eu te digo, hoje, estarás comigo no paraíso".

Em um detalhado estudo das ocorrências do advérbio *sémeron* nos textos gregos do Antigo Testamento (a Septuaginta) e do Novo Testamento, o professor Rodrigo Silva mostra que "na maioria absoluta dos casos" em que existe ambiguidade semelhante a essa de Lucas 23:43, "a ligação de *sémeron* com o primeiro verbo demonstrou-se a mais natural". Isso significa que a melhor tradução desse verso seria "te digo hoje, estarás" ou "te digo hoje: estarás", e não "te digo, hoje estarás".[3] O uso da palavra "hoje" nessa declaração é maneira hebraica de enfatizar a importância do que está sendo dito.[4] Portanto, a promessa de Jesus ao "bom ladrão" está de acordo com o restante do ensino bíblico de que a pessoa que morre continua inconsciente, no pó da terra, até ser ressuscitada por ocasião da volta de Jesus.

3. *"Mulher, eis aí teu filho".* Jesus disse isso a Sua mãe Maria, referindo-Se ao discípulo João. E a este disse: *"Eis aí tua mãe",* referindo a Maria (João 19:26, 27). Em meio à dor terrível que experimentou, Jesus olhou com ternura para Sua mãe viúva que estava ao pé da cruz. Proveu a ela ajuda e amparo ao dizer-lhe que João cuidaria dela. E ao discípulo confiou o alto privilégio de ser o protetor de Maria.

Ao agir dessa forma, Jesus mostrou um amor afetuoso para com Sua mãe e o desejo de honrá-la enquanto ela vivesse. Foi um admirável exemplo de amor filial, que inspiraria milhões de filhos ao longo dos séculos. Diz o mandamento: "Honra teu pai e tua mãe" (Êxodo 20:12). Jesus cumpriu esse preceito divino, e nos convida hoje a honrar nossos pais mediante nosso amor e cuidado. Se todas as famílias tivessem filhos com esse coração, a vida seria muito melhor!

O carinho de Jesus por Sua mãe não significa que ela deve ser considerada uma intercessora no Céu, como alguns defendem. Maria estava ao lado de seu Filho naquele momento de dor, mas quem morreu na cruz para salvar a humanidade e subiu ao Céu para interceder foi Ele. Jesus é o único meio de salvação. Nenhum seguidor de Jesus do 1º século via Maria como intercessora. Por esse motivo, o apóstolo Pedro, discursando às autoridades de Israel num momento de crise e perigo para a igreja cristã, disse: "E não há salvação em nenhum outro; porque abaixo do céu não existe nenhum outro nome, dado entre os homens, pelo qual importa que sejamos salvos" (Atos 4:12).

4. *"Deus Meu, Deus Meu, por que Me desamparaste?"* (Mateus 27:46). Nesse momento, Jesus Se sentiu sozinho. Sentiu sobre Si o pecado de toda a humanidade. Ele havia Se tornado homem por amor a nós e, em Sua condição desvalida, exclamou essas palavras. Foi assim que Se identificou conosco e morreu por nós.

Mas a angústia de Se sentir separado do Pai foi seguida pela segurança da presença divina. Poucos momentos mais, e ficaria selada para sempre a salvação que o Filho de Deus veio trazer ao mundo. Quando a angústia e a solidão entristecerem você, recorde que Cristo as venceu suplicando o auxílio do Pai. Essa mesma ajuda está à sua disposição nas horas mais escuras e dolorosas da vida.

5. *"Tenho sede!"* (João 19:28). Enquanto Jesus continuava derramando Seu sangue na cruz, Seu corpo ia ficando dramaticamente desidratado. Ele precisava com urgência de um copo de água. Mas, em vez disso, aproximaram de Sua boca uma esponja ensopada de vinagre. Não houve ninguém que umedecesse com água os lábios do Salvador!

Você se sente às vezes desprezado e lhe custa suportar semelhante maldade? Nosso Senhor, que sofreu um desprezo infinitamente mais amargo, pode ajudá-lo a vencer com coragem esse estado de dor.

6. *"Está consumado!"* (João 19:30). Depois do vinagre que não bebeu, Jesus disse essas palavras. Então inclinou a cabeça. Com apenas duas palavras, o Senhor indicou que Sua missão redentora estava cumprida! Esse era o grito de um vencedor, não de um derrotado. Jesus tinha vindo à Terra para morrer no lugar do pecador e para presentear-nos com Sua vida. Seu plano não falhou.

# NASCIDO PARA MORRER

Custou-Lhe a mais intensa dor, o desprezo mais cruel, a traição mais vil, mas Ele suportou tudo por amor a nós.

Em grego, a frase "está consumado" é apenas uma palavra: *tetelestai*. Ela vem do verbo *teleo*, que significa "terminar", "completar", "realizar". Essa palavra era usada para indicar a conclusão bem-sucedida de um negócio, um evento, uma tarefa, uma missão. Ao usar a palavra *tetelestai*, Jesus estava dizendo que Sua missão no planeta chegara ao fim de maneira bem-sucedida e perfeita. Sua vida não tinha sido um fracasso, como a cruz poderia sugerir, mas um sucesso. Essa vitória é oferecida a você, que também pode ser um vencedor!

7. *"Pai, nas Tuas mãos entrego Meu espírito"* (Lucas 23:46). Quando Seu sacrifício foi consumado, Jesus exclamou essa frase, e em seguida expirou. Eram 3h da tarde quando Cristo pronunciou essas últimas palavras da cruz. O peso do pecado da raça caída quebrantou Seu coração e precipitou Sua morte, de maneira que, quando os soldados intentaram quebrar-Lhe as pernas para apressar Sua morte, descobriram que Ele já não tinha vida. Então, um soldado Lhe abriu o lado com uma lança, e dali saiu sangue com água (João 19:31-34).

*O cristianismo é a transfusão espiritual da vida de Deus no coração do cristão.*

Nessa hora final se cumpriam as palavras de João Batista, que havia dito sobre Jesus: "Eis o Cordeiro de Deus, que tira o pecado do mundo!" (João 1:29). A partir de então, já não tinha mais sentido continuar sacrificando cordeiros para o perdão do pecador, pois eles eram símbolos do verdadeiro Cordeiro que acabava de oferecer Sua vida. O símbolo cessava ao ter-se encontrado com a realidade prefigurada.

Desde o meio-dia houve trevas na Terra. Em seguida, "a terra tremeu, e as rochas se partiram". Então, o oficial romano e os soldados, impressionados pela escuridão e o terremoto, disseram com temor: "Verdadeiramente este era o Filho de Deus!" (Mateus 27:45, 51, 54, NVI).

Quanta agressão e violência, quanta cegueira e perversidade contra o Filho de Deus, nosso Mestre e Salvador! Mas isso foi no passado. E hoje? Como estamos? Não merece Jesus nosso afeto e lealdade? Não merece Ele nossa eterna gratidão e aceitação de Seu sacrifício de amor?

## O sangue salvador

Jesus não morreu de morte natural nem por alguma estranha enfermidade.

Ele morreu derramando Seu sangue na cruz, oferecendo a essência da vida, presente no sangue. Daí a religião cristã ser única. É a religião do sangue que dá nova vida. É a transfusão espiritual da vida de Deus no coração do cristão.

Talvez impressione e espante essa ideia do sangue. Mas o Senhor quer que o derramamento de Seu sangue por amor produza efetivamente uma impressão tão forte em nossa vida que terminemos amando-O ao compreender que Ele sangrou para nos dar vida eterna. Assim se expressou o discípulo Pedro: "fostes resgatados [...] pelo precioso sangue, como de cordeiro sem defeito e sem mácula, o sangue de Cristo" (1 Pedro 1:18, 19). E João destaca o mesmo conceito, ao dizer que o sangue de Jesus "nos purifica de todo pecado" (1 João 1:7).

Não falta quem se pergunte: "Por que Jesus teve que morrer na cruz? Não teria bastado nos ensinar um elevado código moral, para viver com integridade e correção?" Certamente não! O que o homem pecador necessitava não era apenas uma melhora moral, mas uma vida nova, engendrada por Deus por meio da oferta de Cristo. A verdadeira necessidade humana – de ontem, de hoje e de sempre – não é a de um código superior, mas a vida de Cristo implantada no coração. Precisamos da vida que Ele nos deu quando a entregou na cruz.

Qualquer tentativa humanista ou moralista de mudar o ser humano sempre será um esforço limitado e falido. Somente uma dependência do poder divino, com a aceitação da morte redentora de Cristo, pode assegurar vida eterna para "todo o que nEle crê" (João 3:16).

Você já aceitou pela fé o sacrifício de Cristo para a redenção de sua vida? Não poderia ter tomado decisão melhor! Conserve no coração essa decisão pelo resto dos seus dias.

**Um sacrifício de amor**

Marcelo tinha oito anos de idade. A partir de certo dia, começou a chegar à sua casa com vários objetos que tinha roubado na escola. Mais de uma vez, a avó que o criava falou com ele e o repreendeu entre lágrimas. Mas o garoto continuava com esse péssimo costume. Até que um dia sua avó lhe disse que queimaria a mão dele se voltasse a roubar, mas logo o menino voltou a fazer o mesmo.

A avó devia cumprir sua palavra. Tomou então uma longa agulha de tecer e esquentou até que ficasse vermelha. Depois prendeu Marcelo entre seus joelhos e mandou que olhasse atentamente o que ela ia fazer. Ela traspassou a própria mão! O menino sentiu cheiro de carne queimada. Viu a mão de sua vovó perfurada e compreendeu que dessa forma ela expressava sua grande dor pelo mau comportamento dele.

## NASCIDO PARA MORRER 83

Desde esse dia, quando Marcelinho sentia a tentação de roubar, lembrava-se do sacrifício da avó e continuava sendo honrado. Uma vez Jesus sofreu por nós na cruz. Suas mãos foram perfuradas, e Ele sofreu terrível dor. Quanto mais recordarmos esse sacrifício de amor, mais força teremos para viver com justiça e retidão. Sim, lembremos o que Cristo fez por nós na cruz e o que continua fazendo até hoje por nossa redenção. O que mais poderíamos pedir dEle? Mas isso não é tudo. A inesgotável história do amor divino ainda continua...

---

[1] Lourdes E. Morales-Gudmundsson, *I Forgive You, But...* (Nampa: Pacific Press, 2007), p. 21, itálico no original.

[2] Ibid., p. 53.

[3] Rodrigo P. Silva, "Análise Linguística do *Sémeron* em Lucas 23:43", tese de doutorado defendida em outubro de 2001 na Pontifícia Faculdade de Teologia Nossa Senhora da Assunção, em São Paulo.

[4] O acréscimo do advérbio "hoje", nesse caso, é um idiomatismo hebraico para enfatizar a solenidade do que se está dizendo. Em Deuteronômio, a palavra "hoje" é usada frequentemente com essa finalidade. Veja, por exemplo, 4:26; 4:40; 5:1; 6:6; 8:1; 26:18. Por isso, a *Oxford Companion Bible* corretamente diz: "'Hoje' concorda com 'te digo' para dar ênfase à solenidade da ocasião; não concorda com 'estarás'."

### PARA RECORDAR

1. Jesus veio ao mundo parar morrer no lugar do ser humano pecador.

"*Pois o próprio Filho do Homem não veio para ser servido, mas para servir e dar a Sua vida em resgate por muitos*" (Marcos 10:45).

2. O sacrifício de amor que Cristo ofereceu na cruz do Calvário é o único meio de salvação da humanidade.

"*E não há salvação em nenhum outro; porque abaixo do céu não existe nenhum outro nome, dado entre os homens, pelo qual importa que sejamos salvos*" (Atos 4:12).

3. A salvação é efetuada com base na graça de Deus, e não nas realizações humanas.

"*Porque pela graça sois salvos, mediante a fé; e isto não vem de vós; é dom de Deus; não de obras, para que ninguém se glorie*" (Efésios 2:8, 9).

Capítulo 11

# O Maior Presente

**Sempre gostamos de receber presentes.** Até nos agrada saber que presentes recebem os demais, quando são especiais por algum motivo. Recordemos alguns dos presentes mais importantes e curiosos da história:

1. Os jardins suspensos de Babilônia, oferecidos por Nabucodonosor à sua esposa Amitis, que tinha saudade dos montes de sua terra natal. Esses lindos jardins chegaram a ser uma das sete maravilhas do mundo antigo.

2. Os 90 milhões de marcos alemães dados por Simón Patiño, o rei do estanho, a seu genro no início do século 20.

3. O automóvel Cadillac zero km que Elvis Presley deu a uma mulher desconhecida que estava observando com admiração esse veículo num salão de vendas.

4. O diamante de 70 quilates com que Richard Burton presenteou Elizabeth Taylor em 1969, ao custo de um milhão de dólares.

5. Toda a Holanda, que Napoleão Bonaparte deu a seu irmão Luís em 1806; e toda a Espanha, que doou a seu irmão José em 1808.

6. O presente do banqueiro Otto Kahn à sua filha, que consistiu em duas canções interpretadas por Enrique Caruso, ao preço de 10 mil dólares.

7. O presente que o xá da Pérsia deu a Farah Diba quando ela foi coroada imperatriz em 1967: um diadema avaliado em 20 milhões de dólares.

E agora, se desejar, continue com a lista. Coloque nela todos os presentes importantes que passarem por sua mente, sejam os que você recebeu ou aqueles que outras pessoas receberam. Mas na lista inclua sem falta o melhor de todos: o que Deus deu ao mundo na pessoa de Seu Filho Jesus Cristo. Não existe maior presente que esse. É o dom supremo de Deus para a salvação da humanidade. É um presente de tal modo maravilhoso que, com frequência, as pessoas duvidam dele e o rejeitam.

O fato grandioso é que Jesus deu a Si mesmo. Veio ao mundo para oferecer Sua vida em favor de nossa redenção. Assumiu nossos problemas para nos conceder Suas soluções. Morreu para possibilitar a vida. "Mas Ele foi traspassado pelas nossas transgressões e moído pelas nossas iniquidades; o castigo que nos traz a paz estava sobre Ele, e pelas Suas pisaduras fomos sarados" (Isaías 53:5). Não há ninguém tão maravilhoso como Ele!

**Por que nos deu Sua vida**

As Sagradas Escrituras ensinam que "o salário do pecado é a morte" (Romanos 6:23). Ou seja, a consequência do pecado humano conduz inevitavelmente à morte. Todos, sem exceção, pecamos (Romanos 3:10, 23; 1 João 1:8); portanto, todos estamos condenados à morte. Contudo, a mesma declaração bíblica que aponta a morte como resultado do pecado continua dizendo: "Mas o dom gratuito de Deus é a vida eterna em Cristo Jesus, nosso Senhor." Sim, a certeza do crente não desemboca na morte, mas na vida imperecível. E isso acontece porque Jesus morreu por amor em nosso lugar. Ele pagou o preço que o pecado exigia e o fez sem pedir nada em troca.

Paulo escreve: "Deus prova o Seu próprio amor para conosco pelo fato de ter Cristo morrido por nós, sendo nós ainda pecadores" (Romanos 5:8). E acrescenta: "Onde aumentou o pecado, transbordou a graça" (v. 20, NVI). A morte de Jesus aniquilou o pecado. Sua graça perdoadora e salvadora desintegra a maldade humana, por mais ímpia e abundante que esta possa ser.

Jesus nos deu Sua vida "para que todo o que nEle crê não pereça, mas tenha a vida eterna" (João 3:16). Ele poderia ter Se livrado da cruz. Até foi desafiado para que descesse dela (Mateus 27:41, 42). Mas, nesse caso, como teria nos dado Sua vida? Com tal presente infinito de salvação, Deus nos dá tudo o mais que podemos necessitar. "Aquele que não poupou o Seu próprio Filho, antes, por todos nós Se entregou, porventura, não nos dará graciosamente com Ele todas as coisas?" (Romanos 8:32).

Quando lhe faltar algo de que necessite, ou quando tiver um problema para resolver, lembre-se de que o Senhor está com você para ajudá-lo. Quem lhe presenteou a vida eterna por amor, como não irá socorrer e sustentar você nos momentos sombrios? Ele lhe dará gratuitamente a ajuda de que precisa.

Assim, não se desespere na hora da dor. Deus lhe dará a vitória sobre todos os seus males, se você for a Ele em busca de ajuda. Não duvide disso, porque Ele já fez o máximo por você: deu-lhe Sua vida! Qualquer outra coisa boa que possa necessitar lhe virá por acréscimo.

*Maravilhosa graça*

*Senhor, se não fosse por Tua graça,
maravilhosa, imerecida,
que seria de mim neste dia?
Estaria perdido, sem paz, sem alegria.*

*Mas com Tua amorável graça me perdoaste,
meu coração transformaste,
o rumo de minha vida mudaste,
e hoje continuas o que uma vez começaste.*

*Como não Te louvarei, Senhor,
Se me fizeste nascer de novo,
e atuas a cada instante em meu ser
para ajudar-me a crescer!*

*Graça maravilhosa e fragrante!
Quanto amor e poder há nela!
Por isso, Senhor, Te ofereceste na cruz,
e hoje brilha em mim radiante Tua luz.*

## Quem matou Jesus

Quem matou Jesus, na verdade? Quem foi o grande responsável? Teria sido Judas, Anás, Caifás, Pilatos, ou todo o povo de Jerusalém? Teriam sido os soldados romanos que cravaram o corpo de Jesus na cruz? Ou fomos nós?

Certa noite, um pregador cristão sonhou que Cristo estava no palácio de Pilatos, com o corpo descoberto, enquanto um soldado O castigava sem piedade nas costas. Jesus ia recebendo golpe após golpe, até verter sangue das feridas. Então, indignado e irado, o pregador se levantou para retirar o cruel soldado e, ao virá-lo, viu com horror seu próprio rosto!

De imediato o homem despertou de seu sono e aceitou humildemente que mesmo ele, como pregador da fé cristã, tinha alguma participação no castigo e na morte de Jesus. Quanta verdade diz esse sonho!

Os homens do passado executaram Cristo, mas não foram os únicos a fazer isso. Se a morte do Filho de Deus foi por causa do pecado da humanidade, concluímos que todos os seres humanos têm grande parcela de culpa, pois, se não houvesse pecado nem pecadores na Terra, Jesus não teria necessitado morrer por nós.

O MAIOR PRESENTE  87

Mas, tão certamente como Jesus Cristo ofereceu a vida por todos, é igualmente certo que Ele a teria oferecido, com idêntico sacrifício e amor, mesmo que houvesse apenas um pecador! Que amor insondável para com todos! Comove-nos pensar que esse mesmo amor foi particularmente dedicado a você e a mim.

Esse amor insondável não foi manifestado apenas pelo Filho, que morreu, mas também pelo Pai, que O doou a nós. Mais que isso, o próprio Pai estava com Jesus na cruz. John Stott comenta: "Nosso Substituto, que tomou nosso lugar e morreu a nossa morte na cruz, não foi Cristo somente (visto que isso faria dEle um terceiro partido entre Deus e nós), nem Deus somente (visto que isso minaria a encarnação histórica), mas *Deus em Cristo*, que foi verdadeiramente e completamente Deus e homem, e que, por causa disso, foi singularmente qualificado para representar tanto a Deus quanto o homem e mediar entre eles."[1]

**Amor supremo**

No vasto Universo de Deus existem incontáveis galáxias, cada uma composta por milhões de estrelas, e entre essas imensidades de tamanhos e distâncias se encontra nosso diminuto sistema planetário. Na Terra, a ínfima esfera espacial em que vivemos, somos muitos milhões de habitantes. Que importância pode ter, então, um único homem, uma única mulher, como você e eu, em meio à vastidão interestelar do Universo?

*A cruz de Cristo é um símbolo da vida, o sinal positivo perfeito.*

Mas Deus não leva em conta nosso tamanho físico. Aquele que nos criou à Sua imagem e semelhança (Gênesis 1:26) levou em conta nossa condição desvalida pelo pecado e decidiu vir ao nosso minúsculo mundo para nos redimir do mal mediante o sacrifício de Sua vida. Paulo escreveu: "Cristo Jesus veio ao mundo para salvar os pecadores" (1 Timóteo 1:15). Como demonstração de sua valorização da morte de Cristo, o apóstolo também declarou: "Mas longe esteja de mim gloriar-me, senão na cruz de nosso Senhor Jesus Cristo, pela qual o mundo está crucificado para mim, e eu, para o mundo" (Gálatas 6:14).

O apóstolo se gloriava nesse sacrifício de amor, que lhe produzia profunda complacência e gratidão. Preencha você também o coração com a mesma alegria e a mesma gratidão. O presente é individual para sua vida. Atribua-Lhe o valor infinito que tem e expresse o profundo agradecimento que Ele merece.

## A morte que dá vida

É costume afirmar que os seres humanos "podem resolver todos os problemas, menos o da morte". Mas o que não podemos fazer, Jesus o fez de forma admirável. Com Sua oferta de amor na cruz, venceu a morte para sempre. Por isso, em vez de ser um emblema da morte, a cruz de Cristo é um símbolo da vida, o sinal positivo perfeito: os dois madeiros cruzados, o sinal de + (mais) por excelência. A cruz é o sinal mais claro do amor vitorioso de Deus. Ali a morte foi vencida! Com a vida eterna que brota da cruz, a morte de Cristo nos reconciliou com Deus. "Fomos reconciliados com Deus mediante a morte do Seu Filho" (Romanos 5:10). "Deus estava em Cristo reconciliando consigo o mundo, não imputando aos homens as suas transgressões" (2 Coríntios 5:19).

Um casal não conseguiu manter seu casamento e, pouco depois da separação, faleceu o único filho que tinham. Dias mais tarde, o pai foi localizado na nova cidade em que vivia, e ali recebeu a triste notícia. Em seguida, viajou até o cemitério onde estava sepultado seu querido filhinho. Mas, enquanto se aproximava do túmulo para depositar as flores que levava, viu junto à sepultura a ex-esposa.

O primeiro impulso do homem foi fugir antes que ela o visse, mas depois decidiu aproximar-se para colocar as flores. Quando ele e a mulher se encontraram no lugar de sua dor em comum, ambos se enterneceram, se abraçaram enquanto choravam sobre o túmulo de seu amado filho... e se reconciliaram.

Como esse casal se separou, assim os seres humanos se separaram de Deus. Pecaram e romperam sua relação com Ele. Mas, nessa separação milenar, também a morte de um Filho produziu a maravilhosa reconciliação. A morte de Cristo, com seu transbordante amor redentor, levou-nos de volta ao Pai. Já não há distância entre Ele e nós. Por meio da fé, recebemos o perdão reconciliador de Deus. Vivemos agora junto dEle. Como Seus filhos, nos sentimos acompanhados e redimidos. Quão grandioso é o amor reconciliador de Jesus!

A morte de Cristo foi infinitamente mais que o sacrifício de um mártir, porque um mártir não pode reconciliar, nem perdoar, nem resgatar do mal um pecador. Era necessário que o Criador fosse também nosso Redentor. E, se Deus tivesse um plano melhor ou menos doloroso que o da cruz para redimir o homem, seguramente o teria levado a cabo. Mas o que fez foi perfeito e comovente. Com muita dor, mas com infinito amor, Deus nos salvou. Em Jesus "temos a redenção" (Colossenses 1:14).

## Deu tudo

Um modesto lavrador chinês vivia no topo de uma colina. Certo dia, viu um

# O MAIOR PRESENTE 89

maremoto retirar da praia próxima as águas do mar. Em seguida, compreendeu que isso provocaria o retorno de ondas enormes, que inundariam os vales mais planos. Os habitantes desses vales estavam alheios ao perigo que corriam. Como poderia dar-lhes o aviso para que escapassem? Finalmente, o agricultor incendiou resolutamente o galpão em que guardava arroz. Enquanto as chamas consumiam o celeiro, fez soar o gongo que se utilizava para casos de incêndio. Quando os vizinhos viram a fumaça no alto da colina e escutaram o chamado de auxílio, todos correram para prestar ajuda. Poucos minutos mais tarde, da elevada posição em que estavam, viram como as ondas cobriam os campos que acabavam de abandonar.

Anos depois, quando faleceu o valente lavrador, os habitantes daquela comarca levantaram um monumento em sua honra, sobre o qual colocaram estas palavras: "Ele nos deu tudo o que tinha, e o fez com alegria."

Amigo, muito antes do gesto salvador desse camponês, sobre a colina do Calvário, o Filho de Deus oferecia a própria vida por nossa redenção. Deu-Se inteiramente por amor a nós. Deu-nos a vida, e com ela a eterna redenção.

Faça um minuto de silêncio. Nosso incomparável Salvador merece, não é mesmo? E, com seu silêncio, eleve este pensamento: "Jesus, não consigo compreender totalmente o amor que Te levou a morrer por mim, mas agradeço de todo o meu coração. Aceito pela fé a vida que me deste na cruz. Que esse presente inefável de amor preencha sempre meu ser!"

Mas isso não é tudo. Prepare-se porque a grande história continua...

---

[1] John Stott, *A Cruz de Cristo* (Deerfield: Vida, 1992), p. 141.

### PARA RECORDAR

1. A morte é resultado do pecado, enquanto a vida eterna é um presente de Deus.
"*O salário do pecado é a morte, mas o dom gratuito de Deus é a vida eterna em Cristo Jesus, nosso Senhor*" (Romanos 6:23).

2. Ao morrer na cruz e ressuscitar, Jesus venceu a morte e o diabo para sempre, eliminando o medo e trazendo esperança.
"*Visto, pois, que os filhos têm participação comum de carne e sangue, destes também Ele [Jesus], igualmente, participou, para que, por Sua morte, destruísse aquele que tem o poder da morte, a saber, o diabo, e livrasse todos que, pelo pavor da morte, estavam sujeitos à escravidão por toda a vida*" (Hebreus 2:14, 15).

3. Por meio de Sua morte, Jesus Cristo nos reconciliou com Deus.
"*Deus estava em Cristo reconciliando consigo o mundo, não imputando aos homens as suas transgressões*" (2 Coríntios 5:19).

## Capítulo 12

# Vida para Sempre

**O professor de literatura** pediu a seus alunos que preparassem uma composição sobre algum personagem contemporâneo, e um deles escreveu sobre Jesus Cristo. No dia seguinte, depois de ler a composição, o professor reclamou para o estudante: "Pedi que escrevessem sobre a vida de um personagem contemporâneo, vivo, não do passado."

Então, o aluno, cristão como era, explicou ao professor: "Considero Jesus um personagem atual. Tomei como base os evangelhos, que dizem que Ele ressuscitou e vive. Por isso, escrevi sobre Ele." Finalmente, a explicação foi aceita.

O que você pensa a respeito de Jesus? Como o citado aluno, você considera que Jesus Cristo supera as barreiras do tempo e está vivo? As Escrituras declaram: "Jesus Cristo, ontem e hoje, é o mesmo e o será para sempre" (Hebreus 13:8).

Recordemos de modo sucinto o que aconteceu com o Mestre depois da crucifixão. Seu corpo foi colocado no túmulo de José de Arimateia, a pouca distância do monte Calvário. Era uma tarde de sexta-feira. O restante daquele dia até o domingo de madrugada foi o período mais triste na vida dos discípulos e dos demais seguidores do Senhor. Estavam abatidos e decepcionados, sentiam-se sozinhos e abandonados. Com as esperanças desfeitas e a zombaria de seus inimigos, sua angústia e dor aumentavam cada vez mais e se perguntavam entre si: "Por que o Senhor Se deixou crucificar com tanta submissão? Como não fez valer Sua força e Seu poder para impedir isso?" Os discípulos tinham esquecido completamente as palavras de Jesus, quando anunciou três vezes que O matariam e que ao terceiro dia ressuscitaria.[1]

Com tais sentimentos, no domingo de manhã bem cedo, várias mulheres do grupo se dirigiram ao túmulo para ungir o corpo de Jesus com diversas especiarias aromáticas. Porém, quando chegaram ao sepulcro, o viram aberto e o corpo não estava dentro dele. Então seu coração ficou cheio de espanto. "Quem poderia ter roubado o corpo do Mestre?", perguntavam-se com profunda dor. Mas em seguida chegou a resposta. Não se tratava de nenhum roubo! O anjo de Deus ali presente disse-lhes: "Ele não está aqui; ressuscitou" (Mateus 28:6). A partir desse instante, toda a história mudou. O pranto e a angústia se converteram em júbilo incontido. Nunca antes tinham sentido um regozijo tão profundo! As mulheres, os discípulos e muitos outros não cabiam em si de tanta felicidade. Jesus tinha ressuscitado! Que incrível maravilha! E essa mesma notícia que encheu de santa euforia os primeiros discípulos de Jesus continua ressoando até hoje em nosso coração. Jesus vive, e vive eternamente! Que bênção é tê-Lo como nosso poderoso Redentor!

### Evidências convincentes

As evidências da ressurreição de Jesus são muito confiáveis. Alguns céticos têm tentado desacreditar a ressurreição, mas isso não é tão simples. Um caso bem conhecido é o de Josh McDowell, que, na juventude, se considerava agnóstico e resolveu estudar o assunto para refutar a fé cristã e acabou se tornando um grande defensor da historicidade dos relatos bíblicos.[2]

Alguns creem que os discípulos inventaram a ressurreição de Cristo. Mas, nesse caso, seria bom recordar que eles não obteriam nenhum benefício com tal "invenção". Ao contrário, foram repudiados, zombados, perseguidos e até assassinados. Por isso, teria sido irracional que insistissem tanto na ressurreição de seu Senhor se, na verdade, esta não houvesse ocorrido. Entretanto, como todos eles foram testemunhas da ressurreição, estavam inflamados de fervor, e não podiam deixar de contar com alegria a verdadeira história do Cristo vivo.

Os discípulos de Emaús tiveram como companheiro de viagem o Jesus ressuscitado. Escutaram de Seus lábios o esclarecedor ensinamento bíblico no caminho (Lucas 24:13-35). E o discípulo Tomé, que a princípio se recusou a aceitar que Cristo havia ressuscitado, viu as feridas da crucifixão e ficou convencido (João 20:24-29). Pedro mencionou a ressurreição do Senhor e acrescentou: "Do que nós somos testemunhas" (Atos 3:15).

"Com grande poder, os apóstolos davam testemunho da ressurreição do Senhor Jesus" (Atos 4:33). A mesma fonte diz também que Jesus, "depois de ter padecido, Se apresentou vivo [aos apóstolos] *com muitas provas incontestáveis*, aparecendo-lhes durante quarenta dias" (Atos 1:5). E Paulo informa que, depois de ter aparecido aos discípulos, Jesus "foi visto por mais de quinhentos irmãos de uma só vez, dos quais a maioria sobrevive até agora" (1 Coríntios 15:6). Todas essas são evidências irrefutáveis de que Cristo certamente ressuscitou.

Além disso, podemos recordar que o Senhor perguntou aos discípulos se eles tinham algo para comer, e eles "deram-Lhe um pedaço de peixe assado, e Ele o comeu na presença deles" (Lucas 24:41-43). Em outro momento, junto ao Mar da Galileia, Jesus deu a Seus discípulos pão e peixe que Ele mesmo havia preparado (João 21:9-13).

Essas duas ocasiões, unidas a muitas outras, mostram a realidade da ressurreição de Cristo. Ele comeu e também deu de comer. Não se tratava de um fantasma, nem de mera aparição incorpórea. Esses fatos dão clara evidência e não deixam dúvidas: a ressurreição de Jesus foi real e verdadeira.

Tão certa foi a ressurreição que os inimigos de Cristo, para negar semelhante maravilha, subornaram com "muito dinheiro" os soldados que haviam vigiado o sepulcro, para que dissessem que os discípulos tinham roubado o corpo de Jesus e que Ele não havia ressuscitado (Mateus 28:11-15). Mas ninguém acreditou nesse perverso engano.

Você e eu que cremos que Jesus vive convivemos espiritualmente com Ele? Ninguém poderia nos oferecer tanta ajuda como nosso Senhor. Ele é nosso divino Redentor. NEle temos tudo de bom que poderíamos desejar.

*Se a vida é um* dilema,
*quem melhor que Cristo para resolvê-lo?*

*Se a vida é um* quebra-cabeça,
*Somente Cristo pode montá-lo da forma correta.*

*Se a vida é uma* oportunidade,
*quem melhor que Cristo pode nos ajudar a vivê-la sabiamente?*

*Se a vida é o* caminho para o Céu,
*Somente com Cristo é possível transitá-lo sem nos perder.*

**Fundamento de nossa fé**

Era véspera de Semana Santa, e uma professora cristã pediu a seus alunos que saíssem ao jardim da escola e trouxessem dali algo que fosse um símbolo da vida. Para isso, deu a cada aluno uma pequena caixa, a fim de que colocassem dentro dela o que trariam. Um momento mais tarde, voltaram à sala de aula para mostrar o que tinham juntado. Numa caixinha havia flores, em outra havia folhas e em outra até uma borboleta – todos bons símbolos de vida.

# VIDA PARA SEMPRE 93

Mas, curiosamente, uma das caixinhas estava vazia, diante do que as crianças riam. De quem era essa caixinha? Era do colega que tinha síndrome de Down. Ele explicou que sua caixinha estava vazia porque representava o túmulo vazio de Jesus, que tinha vencido a morte. Era um símbolo perfeito da vida! A professora o parabenizou por isso.

A partir de então, o menino ganhou – por seu acerto – o respeito de todos os colegas. Quando pouco depois ele faleceu, as outras crianças de sua classe levaram consigo ao funeral caixas vazias, em homenagem a seu querido colega.

A fé cristã é a religião do sepulcro vazio. Ali está o poder de Cristo. E ali está também o poder da fé nEle. Enquanto os restos mortais de outros fundadores de grandes religiões se encontram em alguma parte do planeta, os restos do corpo de Cristo não estão em nenhum lugar. Poderíamos remover todo o terreno da Palestina, mas o trabalho não resultaria em nenhum achado, pois Cristo ressuscitou. Seu túmulo ficou vazio para sempre!

A ressurreição de Cristo foi possível porque Ele é Deus. Nenhum outro ser que pisou a Terra teve tal pretensão. Apenas Jesus esteve aqui no passado, continua estando no presente e continuará no futuro para sempre. Ele mesmo confirma Sua eternidade quando diz: "Eu sou o primeiro e o último e aquele que vive; estive morto, mas eis que estou vivo pelos séculos dos séculos" (Apocalipse 1:17, 18).

> O diferencial da religião cristã repousa no Cristo ressuscitado.

Um antigo líder romano declarou: "Esse sistema [o cristianismo] não pode permanecer porque está fundado sobre uma cruz, sobre a morte de seu próprio chefe, sobre um fracasso." Mas esse "fracasso" foi o triunfo mais espetacular do amor sobre o ódio, do perdão sobre a maldade, da vida sobre a morte. A causa cristã permanece porque se apoia no sacrifício do Filho de Deus e em Sua gloriosa ressurreição.

O diferencial da religião cristã repousa no Cristo ressuscitado. Por isso, Paulo declara: "Se Cristo não ressuscitou, é vã a nossa pregação, e vã a vossa fé [...] e ainda permaneceis nos vossos pecados" (1 Coríntios 15:14, 17). E o próprio Jesus prometeu: "Porque Eu vivo, vós também vivereis" (João 14:19).

A ressurreição de Cristo é a firme garantia da gloriosa ressurreição que receberão os justos quando o Salvador voltar. Assim como Ele voltou à vida, os fiéis de Deus ressuscitarão para viver eternamente. Enquanto isso, o Senhor ressuscitado é nosso poderoso Redentor, a quem é nosso privilégio agradecer e louvar por ter compartilhado conosco a vida eterna. Lembre-se: a fé cristã é muito mais que um credo a ser aceito; é o Cristo vivente redimindo e guiando nossa vida.

Jamais pense que a morte de Jesus foi uma derrota ou fracasso. A morte de Cristo foi a vitória que abriu as portas da vida eterna.

Jesus Cristo é, certamente, nossa maior esperança; é o caminho que leva ao Deus criador e Pai celestial (João 14:6). O missionário cristão Juan Chamberlain viveu durante anos na Índia. Certo dia, ele estava pregando na cidade de Benarés, junto ao rio Ganges, quando apareceu um homem que acabava de se banhar nas águas "sagradas" desse rio. Tinha caminhado ajoelhado uma grande distância, para lavar suas culpas e tristezas, mas, ao sair da água, se sentiu como antes. Recostado sobre a areia da praia, conseguiu escutar a voz do missionário.

Querendo entender melhor, o homem se aproximou do pregador e ali escutou emocionado a história da cruz e da ressurreição de Cristo. Então começou a gritar com entusiasmo: "Isso é o que desejo! Isso é o que preciso!"

O que esse homem lá da Índia necessitava é o que todos nós necessitamos. Nossos anseios mais profundos, ou os conflitos mais íntimos do coração, o Cristo vivo pode resolver tudo quando assume o leme do nosso ser. Creia nos triunfos que Ele pode lhe dar em seus esforços cotidianos!

O sábio Mestre de Seus discípulos e terno amigo das crianças e de cada pessoa necessitada continua brindando hoje Seu afeto a cada membro da família humana. É tão nobre que não Se ofende se Lhe falhamos; tão fiel que não Se distancia de nós se O esquecemos; tão perdoador que não nos abandona se cometemos o mal. Em todos os casos, nos fortalece para poder crescer e nos faz repensar quando devemos mudar o modo de proceder.

**Obra atual**

Quarenta dias depois de ter ressuscitado, Jesus Se despediu de Seus discípulos e ascendeu ao trono celestial. Enquanto observavam como Ele subia ao Céu, dois anjos se aproximaram deles e disseram: "Esse Jesus, que dentre vós foi recebido em cima no Céu, há de vir assim como para o Céu O vistes ir." (Atos 1:10, 11, ARC).

A partida de Cristo não significou que os discípulos ficariam sozinhos. Ele lhes disse: "Não vos deixarei órfãos; voltarei para vós" (João 14:18). Entretanto, lhes daria o "Consolador": o Espírito Santo, a quem o Pai enviará em Meu nome, esse vos ensinará todas as coisas e vos fará lembrar de tudo o que vos tenho dito" (v. 26).

Aqui encontramos outro gesto maravilhoso de nosso Senhor. Ele Se foi, mas em Seu lugar nos deixou até hoje a companhia consoladora e poderosa do Espírito Santo, que pode estar com todos ao mesmo tempo, abençoando os crentes e convertendo com poder os incrédulos.

O Espírito Santo é a terceira pessoa da Divindade, junto com o Pai e o Filho.

## VIDA PARA SEMPRE  95

O próprio Cristo ordenou a Seus discípulos batizar "em nome do Pai, e do Filho e do Espírito Santo" (Mateus 28:19). As três pessoas da Divindade agem juntas para trazer graça e paz ao ser humano: "A graça do Senhor Jesus Cristo, e o amor de Deus, e a comunhão do Espírito Santo sejam com todos vós" (2 Coríntios 13:14).

O Espírito Santo é uma pessoa, não uma força impessoal. Declarações como a que aparece em Atos 15:28 – "Pareceu bem ao Espírito Santo e a nós " – revelam que os primeiros crentes O consideravam uma pessoa. Além disso, Ele tem uma personalidade, porque ensina (Lucas 12:12), convence (João 16:8) e inspira (2 Pedro 1:21), entre muitas outras ações.

O Espírito Santo é "o Espírito de verdade" (João 14:17) e nos guia a toda a verdade (João 16:13). É Seu poder transformador em nossa vida que nos torna filhos e filhas de Deus (Romanos 8:14). É através do Espírito que Cristo "permanece em nós" (1 João 3:24). E é o Espírito Santo que produz em nós todas as virtudes cristãs: "Mas o fruto do Espírito é: amor, alegria, paz, longanimidade, benignidade, bondade, fidelidade, mansidão, domínio próprio" (Gálatas 5:22, 23).

O Espírito é onipresente e, portanto, está em todos os lugares ao mesmo tempo. Mas você deve pedir que Ele atue em seu coração. Afinal, como ressalta Arnold Wallenkampf, nem todo ser inteligente e livre tem a presença do Espírito em sua vida. Satanás e os anjos maus, por exemplo, são seres livres, mas o Espírito não está com eles, embora o plano original de Deus fosse que o Espírito guiasse tanto os anjos quanto os seres humanos. O Espírito age sobre as pessoas de duas maneiras: de fora (no caso dos descrentes) e de dentro (no caso dos crentes). Peça que Ele viva em seu coração e transforme o seu interior.[3] É assim que o próprio Cristo pode morar em você, pois onde está o Espírito está Cristo.

O escritor escocês Henry Drummond descreveu o que teria ocorrido se Jesus tivesse permanecido na Terra e concluiu que, por ter regressado ao Céu, finalmente Ele é mais acessível a todos por meio do Espírito Santo.

"Suponhamos que Jesus não tivesse ido", escreveu Drummond. "Suponhamos que agora estivesse em Jerusalém". Todos os meios de transporte marítimo, aéreo e terrestre, de todas as partes do mundo, estariam repletos de peregrinos indo a Jerusalém. Ali, os caminhos estariam bloqueados e o trânsito impedido. Todas as pessoas estariam ansiosas, disputando um mínimo espaço para ver Jesus à distância. Mas bem poucos conseguiriam vê-Lo, e a imensa maioria regressaria a seus lares sem tê-Lo visto.

Isso aconteceria se Jesus tivesse permanecido na Terra, mas Ele nos deixou a onipresença do Espírito Santo, por meio de quem podemos ter uma conexão espiritual e permanente com Cristo. Nosso Redentor continua assim ao nosso lado, e mora em nosso coração!

## Uma função estelar

O que Jesus faz hoje no Céu? Ele atua em nosso favor, assegurando o perdão de nossos pecados. Paulo escreveu: "Há um só Deus e um só Mediador entre Deus e os homens, Cristo Jesus, homem" (1 Timóteo 2:5). Com Sua natureza divina e humana, Jesus nos une ao Pai como ninguém poderia fazer. O citado apóstolo declara: "É Cristo Jesus quem morreu ou, antes, quem ressuscitou, o qual está à direita de Deus e também intercede por nós" (Romanos 8:34).

As Sagradas Escrituras também ensinam que Jesus "pode salvar totalmente os que por Ele se chegam a Deus, vivendo sempre para interceder por eles" (Hebreus 7:25) O discípulo João, de forma igualmente clara, diz: "Se, todavia, alguém pecar, temos Advogado junto ao Pai, Jesus Cristo, o Justo" (1 João 2:1). Confessamos nossas faltas diretamente ao Pai, em nome de Jesus, nosso único Mediador. Então, Deus "é fiel e justo para nos perdoar os pecados, e nos purificar de toda a injustiça" (1 João 1:9).

Assim, segundo as Escrituras, Jesus entrou "no mesmo céu, para comparecer, agora, por nós, diante de Deus" (Hebreus 9:24). Enquanto Seu sacrifício pelo pecado foi feito uma vez por todas na cruz (Hebreus 7:27; 9:28; 10:11-14), Jesus coloca à nossa disposição os benefícios de Seu sacrifício salvador.

No tabernáculo terrestre, havia dois ministérios distintivos que eram realizados pelos sacerdotes levíticos, no antigo Israel. Esses ministérios representavam o plano de salvação. Tipificavam ou ilustravam o ministério de Cristo no Céu. Esse é o significado das referências em Hebreus aos sacerdotes e sumo sacerdotes que realizavam seus ministérios no santuário terrestre.[4]

Os sacerdotes do Antigo Testamento realizavam um serviço diário no Lugar Santo do santuário terrestre, que era essencialmente um ministério de intercessão e reconciliação, simbolizando a verdade de que, por meio do ministério de Cristo como Intercessor, o pecador arrependido tem acesso constante e seguro ao Pai (Hebreus 4:14-16; 7:25; 10:19-22). Uma vez ao ano, no Dia da Expiação, o sumo sacerdote do Antigo Testamento, somente ele, realizava um ministério que girava em torno da purificação do santuário e do povo de Deus. Nesse dia, disse o Senhor a Moisés, "[o sumo sacerdote] fará expiação pelo santuário" e "pelos sacerdotes e por todo o povo da congregação" (Levítico 16:33). Esse dia estava intimamente relacionado ao juízo (Levítico 23:29).

As Escrituras certamente nos dizem que há um juízo que precede a segunda vinda de Cristo, porque Ele retornará em glória para recompensar a todos de

# VIDA PARA SEMPRE  97

acordo com suas obras (Mateus 16:27; 25:31-46; Romanos 2:6). Estabeleceu-se um dia em que Jesus "julgará o mundo com justiça" (Atos 17:31), e serão julgados "os segredos dos homens" (Romanos 2:16).

É importante destacar aqui que, além de Seu ministério de intercessão, Jesus participa do processo de julgamento final no Céu, junto com Deus. A Bíblia indica três fases do julgamento: (1) o juízo pré-advento, que começa com o povo de Deus e ocorre antes da volta de Jesus, cujo objetivo é determinar quem merece ser salvo e mostrar para os seres perfeitos do Universo a justiça de Deus; (2) o julgamento milenial, que ocorre durante os mil anos e cujo objetivo é mostrar para os salvos que o julgamento de Deus foi justo; (3) o julgamento executivo, que ocorre após o milênio e que tem por objetivo mostrar aos perdidos a justiça de Deus, punir os ímpios e eliminar o mal do planeta.[5]

O julgamento vindicará o caráter de Deus e, portanto, precisa ser muito benfeito, a fim de não deixar dúvida. Para o cristão, o julgamento não traz temor, mas alegria, pois ele confia na promessa de que "temos Advogado junto ao Pai, Jesus Cristo, o Justo" (1 João 2:1), e sabe que o julgamento sempre é em favor do povo de Deus. Se você ainda não elegeu Jesus como seu Advogado, o convite divino é para que o faça ainda hoje. Afinal, o anjo de Apocalipse 14:7 está anunciando com grande voz a todos os moradores da Terra: "Temei a Deus e dai-Lhe glória, pois é chegada a hora do Seu juízo"!

> *O julgamento vindicará o caráter de Deus e, portanto, precisa ser muito benfeito.*

Agora, como Advogado e Juiz, Jesus está sentado acima de toda autoridade e poder e senhorio (Efésios 1:21). Foi exaltado para que diante de Seu nome "se dobre todo joelho" (Filipenses 2:10). Nas palavras do apóstolo Pedro: "o qual, depois de ir para o Céu, está à destra de Deus, ficando-Lhe subordinados os anjos, e potestades, e poderes (1 Pedro 3:22).

Você se sente, às vezes, fraco diante dos problemas, ou sem paz interior por causa de alguma culpa? Recorde-se então que o Cristo vivo é seu Mediador, Intercessor, Advogado e melhor Amigo para aliviar suas cargas e perdoar suas faltas. Ele lhe diz: "Estou com você. Quero ajudá-lo. Confie em Mim." Em resposta, você pode Lhe dizer: "Senhor, obrigado pela salvação gratuita; Te entrego minha vida; livra-me do mal; vem morar para sempre em meu coração."

Mas isso não é tudo. A fascinante história do Cristo vivo ainda continua...

¹ Mateus 16:21; 17:23; 20:19; Marcos 8:31; 9:31; 10:34; Lucas 9:22; 18:33.
² Suas descobertas foram relatadas, por exemplo, no livro *Evidência que Exige um Veredito*.
³ Arnold Valentin Wallenkampf, *New by the Spirit* (Hagerstown: Review and Herald, 2006), p. 37, 38.
⁴ Hebreus 4:14, 15; 6:20; 7:27; 8:3; 9:7, 12, 24.
⁵ Algumas passagens bíblicas que fundamentam as afirmações deste parágrafo são: Atos 17:30, 31 (Deus tem um dia para julgar o mundo); Daniel 7:9, 10 ("Assentou-se o juízo e abriram-se os livros..."); Apocalipse 14:6, 7 (chegou a hora do juízo); 1 Pedro 4:16, 17 (o juízo começa pela casa de Deus); Apocalipse 20:1-4 (durante o milênio, os ímpios continuam mortos e acontece a segunda fase do juízo); 1 Coríntios 6:2, 3 (os salvos, levados para o Céu por ocasião da segunda vinda de Jesus, participam do juízo); Apocalipse 20:9 (ao fim dos mil anos, após a segunda grande ressurreição, desce fogo do céu e consome os ímpios).

## PARA RECORDAR

**1.** São muito confiáveis as evidências da ressurreição de Jesus, incluindo a disposição dos discípulos de morrer por seu Mestre. O Novo Testamento menciona o aparecimento de Jesus a muitas pessoas.

"*Antes de tudo, vos entreguei o que também recebi: que Cristo morreu pelos nossos pecados, segundo as Escrituras, e que foi sepultado e ressuscitou ao terceiro dia, segundo as Escrituras. E apareceu a Cefas e, depois, aos doze. Depois, foi visto por mais de quinhentos irmãos de uma só vez, dos quais a maioria sobrevive até agora; porém alguns já dormem*" (1 Coríntios 15:3-6).

**2.** Após Sua ressurreição, Jesus ascendeu ao Céu e hoje atua como Mediador junto ao Pai. Ele é nosso único Intercessor.

"*É Cristo Jesus quem morreu ou, antes, quem ressuscitou, o qual está à direita de Deus e também intercede por nós*" (Romanos 8:34).
"*Há um só Deus e um só Mediador entre Deus e os homens, Cristo Jesus, homem*" (1 Timóteo 2:5).

**3.** Além de ser Intercessor, Jesus também conduzirá o julgamento final, que ocorrerá em três fases e vindicará o caráter justo de Deus. O tempo desse julgamento já chegou.

"*E o Pai a ninguém julga, mas ao Filho confiou todo julgamento*" (João 5:22).
"*Vi outro anjo voando pelo meio do céu, tendo um evangelho eterno para pregar aos que se assentam sobre a Terra, e a cada nação, e tribo, e língua, e povo, dizendo, em grande voz: Temei a Deus e dai-Lhe glória, pois é chegada a hora do Seu juízo; e adorai Aquele que fez o céu, e a Terra, e o mar, e as fontes das águas*" (Apocalipse 14:6, 7).

**Capítulo 13**

# Amigos da Esperança

**Depois de um dia** de poucas vendas no mercado, um modesto pescador regressava cansado para casa. Em sua cesta, levava de volta boa parte da mercadoria. No caminho, foi surpreendido por uma furiosa tormenta, que o obrigou a se refugiar na casa de seu amigo floricultor que vivia à beira da estrada.

O floricultor ofereceu ao pescador lugar para passar a noite, e o hospedou no quarto que dava para o jardim. Mas ali a fragrância das flores não o deixava dormir. Então, o homem se levantou, pegou em sua cesta os peixes, os pôs num recipiente com água para que exalassem mais cheiro, colocou-o junto à cabeceira da cama e, em seguida, dormiu profundamente. Para ele, era mais agradável o forte odor de peixe que o delicado perfume das flores.

Algo parecido acontece a muitas pessoas. Vivem tão acostumadas a respirar a moral desordenada do mundo que as rodeia que perdem o gosto pela atmosfera espiritual que produz a fé sincera em Jesus. Mas você e eu podemos ser diferentes. Se Jesus mora em nosso coração, podemos desfrutar uma fé sem contaminação, onde o mal não tem lugar e o bem domina nossa conduta.

## Cristãos de verdade

Não basta que nos chamemos "cristãos", ou que só tenhamos a aparência de cristãos. Muitas vezes, infelizmente, esse cristianismo exterior traiu os nobres princípios da fé cristã. Foram "cristãos" os mercadores de escravos do passado; foram "cristãos" os que deram início a terríveis guerras; e, com frequência, são "cristãos" os narcotraficantes que estão corrompendo a sociedade. São "cristãos" também os maiores consumistas do mundo, que, com suas frivolidades e excessos de todo tipo, vão perdendo a noção do essencial e da riqueza interior.

E que diremos dos abusos, das aflições, das injustiças, dos crimes, roubos e da corrupção que cometem todos os dias os que levam o rótulo de "cristãos"?

O que diremos também dos lares divididos, do ódio entre irmãos, da inimizade racial, do desprezo humano entre uma classe social e outra? Tudo isso se alastra de maneira alarmante entre os "cristãos", chamados a ser o melhor povo da Terra.

É lamentável essa contradição entre o que dizemos ser e o que somos de verdade.

O cristão genuíno tem mais que um verniz superficial de religiosidade. Ele cultiva a fé da convivência com Deus, possui convicções estáveis, com base nos ensinamentos do Mestre, é íntegro e fervoroso, tem interesses superiores e transcendentes. Solicita a ajuda divina para viver uma vida pura e separada do mal.

Jesus declara com amor: "Por que Me chamais Senhor, Senhor, e não fazeis o que vos mando?" (Lucas 6:46). Decepcionamos Cristo quando mantemos um coração duplo ou uma linguagem dupla em nosso comportamento cotidiano. Mas O honramos e alegramos quando atuamos com pureza e fidelidade.

Um famoso escultor, desejando aperfeiçoar sua arte, costumava se perguntar diante de cada obra que fazia: "Como Michelangelo faria isto?" Essa pergunta o ajudava a redobrar o esforço e a melhorar seu trabalho. Para esse escultor, sua maior inspiração era Michelangelo.

Não poderíamos fazer a mesma pergunta em relação a Jesus, para imitar Seu exemplo e perfeição? Assim, seríamos mais parecidos com Ele. No mundo de hoje, quando é tão comum tomar como modelo as atrativas figuras do mundo artístico, não é muito melhor tomar como modelo a Jesus, e nos perguntar a todo o momento o que Ele faria se estivesse em nosso lugar?

**Partilhe a descoberta**

Além de sermos cristãos autênticos, é fundamental compartilhar com outros as bênçãos que Deus nos dá. A magnífica obra de transformação de Deus em nós conserva seu vigor quando também mostramos a outros como obtê-la. Crescemos quando indicamos ao próximo o caminho da felicidade e da vida eterna.

A esta altura do livro, você acha que está mais perto de Deus do que quando começou a leitura? Então, agora você tem o privilégio de fortalecer seu coração ao despertar a fé em outros. Você se sentirá feliz e será um canal de bênçãos para outros.

Como experiência, um homem colocou sobre a mesa de sua cozinha um pequeno pedaço de doce. Em seguida, colocou uma formiga sobre ele. O que fez a formiga? Desceu por uma das pernas da mesa e se perdeu de vista. Um momento depois, voltou a mesma formiga, mas dessa vez seguida de uma longa fila de amigas, para que todas também pudessem participar do doce.

#### AMIGOS DA ESPERANÇA

Assim age o bom seguidor de Cristo. Uma vez que tenha provado a doçura do Senhor e Sua eterna verdade, sente-se motivado a compartilhar o evangelho redentor. Faça como a formiga da experiência: comunique a outros – amigos, parentes e chegados – a grande descoberta que mudou sua vida.

Quando Jesus curou um homem endemoninhado, disse-lhe: "Volta para casa e conta aos teus tudo o que Deus fez por ti" e o homem "foi anunciando por toda a cidade todas as coisas que Jesus lhe tinha feito" (Lucas 8:39). Hoje o Senhor nos faz o mesmo pedido. Você é cristão e ama Jesus? Fale a outros sobre Ele.

Contudo, a missão de pregar não foi deixada ao acaso. A igreja é a agência criada por Jesus para espalhar ao mundo a mensagem de Seu amor. Idealizada para cumprir uma nobre missão, a igreja é uma comunidade de fé, amor e esperança. Chamada no Novo Testamento de "corpo de Cristo", a igreja verdadeira segue os comandos da cabeça. Ela valoriza os ensinos de Jesus e obedece aos Seus mandamentos. Por isso, o apóstolo Paulo diz que a igreja do Deus vivo é "coluna e baluarte da verdade" (1 Timóteo 3:15). Acima de tudo, os membros dessa comunidade amam Jesus e partilham com os outros as boas-novas sobre Ele. São amigos e mensageiros da esperança.

> *A igreja é a agência criada por Jesus para espalhar ao mundo a mensagem de Seu amor.*

Anos atrás, minha esposa e eu voávamos de Tóquio a Taipei, capital de Taiwan. A jovem aeromoça que nos atendia falava um pouco de espanhol. Por essa razão, várias vezes foi até nós para praticar a nova língua que estava aprendendo. Finalmente, ficamos amigos. Antes de abandonar o avião, nossa amiga aeromoça, que também desceria em Taipei e morava ali, nos convidou para passear no dia seguinte pelos lugares mais importantes da cidade.

E assim, desde a manhã até o entardecer do dia seguinte, passamos horas encantadoras, acompanhados por nossa boa amiga não menos encantadora. Chegou a hora da despedida. Então a convidamos a ir ao nosso quarto de hotel, pois eu queria dar-lhe um de meus livros. Ali falamos de Jesus para ela, e de como Ele nos ama e morreu para nos dar vida eterna. Nossa amiga nos escutava com muito interesse. Quando a convidamos a aceitar o Senhor como seu Salvador pessoal, ela chorou de emoção. Ela e nós sentimos grande felicidade e paz. No coração dessa jovem oriental havia nascido nova esperança.

Que privilégio nos dá Jesus de poder falar a outros sobre Seu amor redentor!

## O que faremos

No dia 8 de outubro de 1871, o pregador Dwight L. Moody falou ao maior público que havia sido reunido na cidade de Chicago. Seu tema estava baseado na pergunta formulada por Pilatos: "Que farei, então, de Jesus, chamado Cristo?" (Mateus 27:22). Ao término de sua fervorosa pregação, Moody disse ao público: "Desejo que levem este texto bíblico no coração e meditem nele durante a semana. Quando voltarmos a nos reunir na próxima semana, poderemos decidir o que faremos com Jesus."

Mas esse público nunca voltou a se reunir, porque horas depois houve um terrível incêndio que destruiu grande parte da cidade de Chicago. Anos mais tarde, recordando esse episódio, Moody confessou: "Nunca mais ousei propor uma semana para que as pessoas pensassem em sua salvação. Nunca mais voltei a ver aquela congregação. Muitas vezes pedi perdão a Deus por ter dito ao público naquela noite que esperasse uma semana." Essa única oportunidade se perdeu para sempre.

Recordando essa experiência de Moody, não lhe proponho que demore uma semana ou uns dias para decidir o que você fará com Cristo. Talvez já tenha tomado essa sábia decisão. Nesse caso, parabéns! Mas, se ainda lhe falta saber o que fará com Jesus, eu o convido a tomar sua decisão hoje, agora (talvez nunca poderei dizer-lhe isso outra vez). Não espere sequer um dia.

Aquele que ama com lealdade a Jesus sempre se mostra disposto a praticar sua fé cristã. Conheça a vontade de Deus e procure cumpri-la em toda situação. Jesus necessita ter seguidores desse tipo. Seja um deles, e você viverá feliz com a bênção de Deus! Mas isso não é tudo. A gloriosa história da suprema esperança ainda continua...

### PARA RECORDAR

1. Motivados pelo amor, os cristãos autênticos seguem o modelo de Cristo e procuram ter uma vida exemplar. A igreja é uma "nação santa".

*"Vós, porém, sois raça eleita, sacerdócio real, nação santa, povo de propriedade exclusiva de Deus, a fim de proclamardes as virtudes dAquele que vos chamou das trevas para a Sua maravilhosa luz"* (1 Pedro 2:9).

2. A igreja verdadeira valoriza os ensinos de Jesus e obedece aos Seus mandamentos.

*"Aqui está a perseverança dos santos, os que guardam os mandamentos de Deus e a fé em Jesus"* (Apocalipse 14:12).

3. A igreja tem a missão de testemunhar ao mundo a respeito do amor de Cristo. Nesse processo, Ele sempre está presente com Seus amigos.

*"Ide, portanto, fazei discípulos de todas as nações, batizando-os em nome do Pai, e do Filho, e do Espírito Santo; ensinando-os a guardar todas as coisas que vos tenho ordenado. E eis que estou convosco todos os dias até à consumação do século"* (Mateus 28:19, 20).

Capítulo 14

# A Esperança do Futuro

**Em 1972**, os autores C. Christians, E. J. Schipper e W. Smedes descreviam assim a condição do mundo: "Imagine que toda a população mundial fosse reduzida ao tamanho de uma aldeia de 100 habitantes. Desses, 67 seriam pobres e os outros 33 pertenceriam a diversos níveis sociais. Do total dessa população, apenas 7 seriam norte-americanos; os outros 93 habitantes observariam os 7 norte-americanos gastar a metade de todo o dinheiro e comer a sétima parte do alimento. Essas 7 pessoas teriam dez vezes mais médicos que as 93 restantes e continuariam aumentando seu poder aquisitivo cada dia mais, ao passo que as 93 teriam cada dia menos."

Essas cifras mudaram em parte com o passar dos anos. Porém, lamentavelmente, o irritante contraste entre os poucos que têm muito e os muitos que têm pouco ainda se mantém de pé. Até dentro de um mesmo país aparecem essas diferenças socioeconômicas, que produzem inevitável pesar e rejeição entre os menos favorecidos.

Mas, diante de tal quadro de má distribuição da riqueza mundial, é alentador saber que um dia desaparecerão todas essas odiosas diferenças. Entretanto, Paulo nos exorta a viver alegres na esperança (Romanos 12:12), e aguardar "a bendita esperança e a manifestação da glória do nosso grande Deus e Salvador Cristo Jesus" (Tito 2:13). A esperança não morreu, e está cada vez mais luminosa. O Senhor fará "novos céus e nova Terra, nos quais habita justiça" (2 Pedro 3:13).

Essa esperança da volta de Jesus, para acabar com o mal e criar um novo mundo, aparece praticamente em todos os livros do Novo Testamento, e não morreu ao longo de 2 mil anos de história da igreja cristã. Os verdadeiros seguidores de Jesus vivem sempre na expectativa de que Ele virá em breve. E sabem que a demora não se deve a uma falha na promessa, mas à misericórdia de Deus, que oferece a oportunidade ao maior número possível de pessoas. No 1º século, essa já era a compreensão dos cristãos. O apóstolo Pedro escreveu: "Não retarda o Senhor a Sua promessa, como alguns a julgam demorada; pelo contrário, Ele é longânimo para convosco, não querendo que nenhum pereça, senão que todos cheguem ao arrependimento" (2 Pedro 3:9).

## A grande promessa

Não existe promessa mais reconfortante que a feita pelo nosso Senhor sobre Sua segunda vinda à Terra. Ele disse: "Não se turbe o vosso coração; credes em Deus, crede também em Mim. Na casa de Meu Pai há muitas moradas. Se assim não fora, Eu vo-lo teria dito. Pois vou preparar-vos lugar. E, quando Eu for e vos preparar lugar, voltarei e vos receberei para Mim mesmo, para que, onde Eu estou, estejais vós também" (João 14:1-3).

Os governantes mais otimistas podem prometer tempos melhores. Mas nem com toda a concentração do poder humano será possível construir um mundo melhor. Chegamos a um beco sem saída no esforço de mudar o curso da história. Mas, em meio à incapacidade humana, aparece a luminosa promessa divina. Jesus nos pede que não nos alteremos, que mantenhamos a calma, porque há uma gloriosa esperança, um remédio para a angustiante enfermidade do mundo.

Esse remédio é a segunda vinda de Cristo, que porá fim a todas as desgraças e doenças terrenas. Dessa vez, Jesus não virá como o menino da manjedoura, mas como "Rei dos reis e Senhor dos senhores" (Apocalipse 19:16). "Há de vir na glória de Seu Pai, com os Seus anjos" (Mateus 16:27). Virá "sobre as nuvens do céu, com poder e muita glória" (Mateus 24:30). Virá como o Cristo vencedor, vitorioso sobre o mal, tendo derrotado definitivamente o inimigo.

Será um fenômeno tão glorioso e espetacular que "todo olho O verá" (Apocalipse 1:7). "Virá do modo como O vistes subir" (Atos 1:11). Ou seja, assim como Seus discípulos O viram ascender ao Céu, também, de modo visível, voltará o Senhor para cumprir Sua promessa de fazer "novas todas as coisas" (Apocalipse 21:5). E, quando O virmos, exclamaremos com alegria indizível: "Eis que este é o nosso Deus, em quem esperávamos, e Ele nos salvará; este é o Senhor, a quem aguardávamos; na Sua salvação exultaremos e nos alegraremos" (Isaías 25:9).

Assim, concluímos que não é bíblica a ideia difundida em alguns círculos cristãos de que Jesus levará as pessoas para o Céu através de um "arrebatamento secreto". A vinda de Jesus será pessoal, visível e gloriosa. Ele vem com sons de trombetas, como poderoso Rei. De igual modo, não é bíblica a ideia de que um grupo será deixado para trás durante um período de sete anos, em que as

# A ESPERANÇA DO FUTURO

pessoas terão a oportunidade de se converter.¹ A oportunidade de salvação é agora, porque quando Ele vier será para outra finalidade.

Não se alegra seu coração ao pensar que Jesus voltará e mudará para sempre toda a face da Terra? Alegremo-nos! A maldade do mundo tem seus dias contados. Falta pouco para que o Redentor volte e nos leve ao Seu reino.

## Sinais do fim

Embora a promessa seja segura, ninguém sabe o dia nem a hora do regresso do Senhor (Mateus 24:36). Se alguém pretender prever o dia, ainda que com a melhor intenção, cometerá o pior erro, porque Jesus chegará na hora em que não estivermos esperando (v. 44). Contudo, podemos saber o tempo em que Cristo virá. Ele ensinou que haveria sinais que indicariam a proximidade desse dia.

Quais são esses "sinais" ou indícios precursores? Essa também foi a pergunta que formularam os discípulos ao Mestre: "Que sinal haverá da Tua vinda e da consumação do século?" (Mateus 24:3). E a resposta foi imediata. O Mestre disse que haveria enganadores e falsos cristos, que ensinariam o erro e confundiriam as pessoas (v. 24). Dessa forma, a verdade divina ficaria ofuscada, e o engano ocuparia seu lugar.

*É evidente que devemos nos preparar para receber Jesus.*

A crescente confusão espiritual de nossos dias não é outra coisa senão o cumprimento dos sinais preditos por Jesus. E a confusão mental e o vazio de coração levam inevitavelmente à corrupção da conduta, com efeitos destrutivos sobre a sociedade em geral. O câncer da corrupção está arruinando o mundo de hoje. Quantos países da Terra sofrem os estragos dessa maldição, sem que se possa detê-la! Roubo, mentira, suborno, falsidade, cobiça, tudo a serviço da ganância insaciável do coração corrompido! Isso estava predito.

Jesus disse que, antes de Sua vinda, o mundo seria como "nos dias anteriores ao dilúvio" (Mateus 24:37-39), quando as pessoas levavam uma vida licenciosa e "a Terra estava cheia de violência" (Gênesis 6:11, 13). Não é isso o que vemos em nossos dias? A violência está descontrolada. Sequestros, assassinatos, estupros, assaltos, roubos nas ruas, agressão de toda espécie... Essas formas de violência têm semeado a insegurança e o temor na população.

Jesus também falou de guerras, pestes, fomes e terremotos "em vários lugares" (Mateus 24:7), com as desgraças e mortes que produzem essas calamidades. Quanto sangue é inutilmente derramado na guerra entre nações! Quantos milhões de pessoas destruídas pelas epidemias e pestes mais variadas! Quantos outros milhões adoecem e morrem por causa da fome! E quantas outras pessoas perdem a vida nos gigantescos maremotos e terremotos!

Entre os sinais do fim, Jesus mencionou os fenômenos da natureza, como os terremotos frequentes. De fato, hoje esses fenômenos têm assustado a população. E não é para menos, pois a natureza tem grande poder de destruição. Basta mencionar o vulcão localizado sob a geleira Eyjafjallajoekull, na Islândia, que entrou em erupção em abril de 2010 e causou um prejuízo de bilhões de dólares à economia europeia, em especial na área da aviação. É incrível como um só vulcão pode parar um continente!

O Senhor predisse tudo isso para nos mostrar o tempo de Sua vinda. E acrescentou: "Passará o céu e a terra, porém as Minhas palavras não passarão" (Mateus 24:35). Com isso, Ele indicou que a promessa de Sua vinda é firme e segura. Podemos confiar nela e nos manter felizes e otimistas com essa gloriosa esperança.

**Preparados sempre**

Considerando que Jesus voltará à Terra, é evidente que devemos nos preparar para recebê-Lo. Ele mesmo aconselhou: "Portanto, vigiai, porque não sabeis em que dia vem o vosso Senhor" (Mateus 24:42). Trata-se de um preparo espiritual, que consiste em amar o Senhor, aceitá-Lo como nosso Redentor e fazer Sua divina vontade.

Num gigantesco avião de transporte que voava sobre o Himalaia, surgiu inesperadamente um defeito em um de seus motores. Era impossível retornar ao aeroporto de partida. Então, o comandante decidiu jogar fora a preciosa carga que levava, de quase cem toneladas, e assim o avião pôde atravessar a cordilheira. O copiloto, que era um cristão sincero, comentou: "Se o fato de ter abandonado a carga do avião salvou minha vida física, por que não deveria também abandonar o pecado do coração, para salvar minha vida espiritual?"

Como os tripulantes daquele avião, você e eu também estamos de viagem para a eternidade. Portanto, não deveríamos abandonar toda carga de mal que nos impeça de chegar a esse glorioso destino? Assim nos aconselham as divinas Escrituras: "desembaraçando-nos de todo peso e do pecado que tenazmente nos assedia, corramos, com perseverança, a carreira que nos está proposta" (Hebreus 12:1).

Jesus deseja voltar o quanto antes para nos levar ao lar celestial, mas para isso nos convida a estar preparados. A Bíblia diz que devemos manter um "santo procedimento e piedade", e aconselha: "empenhai-vos por serdes achados por Ele em paz, sem mácula e irrepreensíveis" (2 Pedro 3:11, 14). Estamos levando em consideração esses sábios conselhos?

A ESPERANÇA DO FUTURO

## O mundo de amanhã

Há pouco tempo viajávamos sobre as águas do Atlântico. Os dias eram ensolarados e de mar sereno. Ao observar as águas de azul limpo e profundo, nosso olhar também captava a imponência de cada entardecer, e, cada manhã, o glorioso nascer do sol. Diante dessa impressionante beleza do firmamento, nosso assombro crescia sem limites.

Do convés superior do barco, orávamos com admiração: "Senhor, quão grande e lindo é o mundo que criaste! Quanta perfeição e harmonia vemos no céu, e também na Terra, apesar de os homens a estarem contaminando! Se o mundo em que vivemos é assim maravilhoso, como será o mundo sublime e resplandecente que nos prometeste e onde passaremos contigo a eternidade!"

As Sagradas Escrituras declaram que no reino de Deus não haverá sequer a mínima sombra de imperfeição. Ali não existirá a maldade, nem a injustiça, nem a enfermidade, nem tampouco a morte (Apocalipse 21:4). A vida será eterna, sem fim! "Os resgatados do Senhor voltarão e virão a Sião com cânticos de júbilo; alegria eterna coroará a sua cabeça; gozo e alegria alcançarão, e deles fugirá a tristeza e o gemido" (Isaías 35:10). Que mundo maravilhoso nos espera! Um mundo sem egoísmo e agressão, insegurança e temor, guerras e força militar, queixas e dor, hospitais e cemitérios; onde tudo, absolutamente, será perfeito e eterno, e a alegria preencherá para sempre o coração dos redimidos!

Por mais que imaginemos esse mundo de glória, jamais poderemos ter sequer uma ideia de como será. Aqui cabem as palavras de Paulo: "Nem olhos viram, nem ouvidos ouviram, nem jamais penetrou em coração humano o que Deus tem preparado para aqueles que O amam" (1 Coríntios 2:9). Esse é o mundo inimaginável que nos dará nosso Redentor quando vier pela segunda vez.

Nesse dia haverá a ressurreição dos justos e a transformação dos vivos que serão redimidos. "Porquanto o Senhor mesmo, dada a Sua palavra de ordem, ouvida a voz do arcanjo, e ressoada a trombeta de Deus, descerá dos Céus, e os mortos em Cristo ressuscitarão primeiro; [...] depois, nós, os vivos, os que ficarmos, seremos arrebatados juntamente com eles, entre nuvens, para o encontro do Senhor nos ares, e, assim, estaremos para sempre com o Senhor" (1 Tessalonicenses 4:16, 17).

A Bíblia também afirma: "A trombeta soará, os mortos ressuscitarão incorruptíveis, e nós seremos transformados. [...] Então, se cumprirá a palavra que está escrita: Tragada foi a morte pela vitória. Onde está, ó morte, a tua vitória? Onde está, ó morte, o teu aguilhão?" (1 Coríntios 15:52-55).

Detalhando um pouco mais, os mortos voltarão à vida em dois grupos distintos: (1) salvos e (2) perdidos. Os salvos ressuscitarão quando Jesus voltar e irão com Ele para o Céu, onde reinarão por mil anos, voltando depois para viver na Terra renovada para sempre. Já os perdidos ressuscitarão mil anos mais tarde, quando receberão o castigo por sua maldade e serão destruídos para sempre. Nesse intervalo de mil anos entre as duas ressurreições, durante o chamado "milênio", os que forem para o Céu estarão julgando o caso dos que serão destruídos. Você pode ler sobre isso em Apocalipse 20. Deus é tão justo e amoroso que não quer deixar dúvida no Universo sobre Sua decisão!

## Viajantes do espaço

O homem sempre sonhou em viajar pelo espaço. Por isso, em julho de 1969, os astronautas chegaram à Lua. Em abril de 2001, o milionário norte-americano Dennis Tito se tornou o primeiro turista espacial, ao custo de 20 milhões de dólares. Seu empolgante "passeio" durou alguns dias, antes de regressar com êxito à Terra.

Talvez você e eu nunca tenhamos a fascinante experiência dos astronautas nem de Dennis Tito. Mas, de toda maneira, estamos viajando continuamente pelo espaço. Nosso planeta, como admirável veículo espacial, se locomove a cerca de 1.800 km por minuto em sua órbita perfeita ao redor do Sol, de modo que sempre estamos viajando pelo maravilhoso Universo do Criador.

Mas um dia realizaremos a mais espetacular das viagens espaciais. Deixaremos para trás a Lua, o Sol e todos os planetas de nosso sistema. Viajaremos a uma velocidade desconhecida em direção à casa de Deus, o reino dos Céus, onde poderemos viver com eterna felicidade junto ao nosso supremo Redentor.

Quanto perderemos se não fizermos essa viagem! Perderemos a própria vida. A salvação gratuita e eterna inclui essa viagem, "com tudo pago". O custo já foi pago por Jesus, quando ofereceu a vida por nossa redenção.

A esta altura, poderíamos nos perguntar o que seria de nós hoje se Jesus não tivesse vindo como o Salvador do mundo. Mas Ele veio, assumiu nossa natureza humana e nos ofereceu Sua vida! Também poderíamos nos perguntar que sentido teria nossa fé se Cristo não tivesse ressuscitado e vencido a morte. Mas Cristo ressuscitou e vive para sempre! Igualmente, poderíamos nos perguntar qual seria o destino da humanidade se Jesus não voltasse à Terra. Mas Ele certamente voltará, fará novas todas as coisas e nos dará vida eterna em Seu reino!

Sem Cristo, o que seria de você e de mim? Mas, com Ele, como é doce viver! Tudo de bom que temos devemos a Ele. Toda a nossa esperança está fundamentada em Seu amor. Todas as nossas debilidades se acabam ao Seu lado, porque Ele é nosso poderoso Salvador.

# A ESPERANÇA DO FUTURO

## Continuará...

Ao fim de cada capítulo, dissemos: "A história continua...". E agora, com maior convicção, me alegro em reiterar que a história do amor de Deus jamais terá fim. Continuará pela eternidade! No glorioso reino de Deus, continuará para sempre a vida dos redimidos, com plena harmonia entre uns e outros. Continuarão também a paz e a alegria, porque ali não se conhecerão a angústia e o pesar da humanidade. Ali ninguém desejará algo melhor. Tudo será feliz, perfeito, sublime e eterno (Apocalipse 22:1-5). Você imagina viver num mundo assim? Assim será nosso lar! Ali continuaremos vivendo com Jesus para sempre. Que destino glorioso nos espera! E quando, pela graça de Deus, chegarmos ali, por favor, procure-me. Será uma imensa alegria conhecê-lo, para logo nos tornarmos amigos íntimos pelos séculos dos séculos.

---

[1] Para saber mais sobre o assunto, veja Dwight K. Nelson, *Ninguém Será Deixado Para Trás* (Tatuí: Casa Publicadora Brasileira, 2004).

### PARA RECORDAR

1. Jesus voltará de maneira pessoal, visível e majestosa, e será visto por todos os que estiverem vivos.

   *"Porque, assim como o relâmpago sai do oriente e se mostra até no ocidente, assim há de ser a vinda do Filho do Homem. [...] Todos os povos da Terra se lamentarão e verão o Filho do Homem vindo sobre as nuvens do céu, com poder e muita glória"* (Mateus 24:27-30).

2. Ninguém sabe a data da volta de Jesus, a qual não foi revelada, mas os sinais indicam que esse evento glorioso está próximo.

   *"Haverá sinais no Sol, na Lua e nas estrelas; sobre a Terra, angústia entre as nações em perplexidade por causa do bramido do mar e das ondas; haverá homens que desmaiarão de terror e pela expectativa das coisas que sobrevirão ao mundo; pois os poderes dos céus serão abalados. Então, se verá o Filho do Homem vindo numa nuvem, com poder e grande glória. Ora, ao começarem estas coisas a suceder, exultai e erguei a vossa cabeça; porque a vossa redenção se aproxima"* (Lucas 21:25-28).

3. Jesus criará uma nova realidade. Na Terra renovada, não mais haverá sofrimento nem dor, pois o mal será eliminado e o mundo voltará a ser perfeito.

   *"Vi novo céu e nova Terra, pois o primeiro céu e a primeira Terra passaram, e o mar já não existe. Vi também a cidade santa, a nova Jerusalém, que descia do Céu, da parte de Deus, ataviada como noiva adornada para o seu esposo. Então, ouvi grande voz vinda do trono, dizendo: Eis o tabernáculo de Deus com os homens. Deus habitará com eles. Eles serão povos de Deus, e Deus mesmo estará com eles. E lhes enxugará dos olhos toda lágrima, e a morte já não existirá, já não haverá luto, nem pranto, nem dor, porque as primeiras coisas passaram"* (Apocalipse 21:1-4).

## Conclusão

# O Caminho da Esperança

**Neste livro, focalizamos Jesus**, desde Seu nascimento em Belém até Sua morte no Calvário, com Sua posterior ressurreição e ascensão ao Céu. Maravilhamo-nos recordando Suas obras e prodígios. Alegramo-nos vendo-O como nosso divino Mestre, nosso amável Criador e Redentor, e nosso constante Provedor, que sabe onde vivemos, em que trabalhamos, o que necessitamos e que nos estende com amor Sua mão ajudadora para suprir todas as nossas necessidades (Filipenses 4:19).

Também vimos Jesus como o Senhor que deseja morar na intimidade de nosso coração. Agora, acabamos de vê-Lo como nosso Salvador que logo virá em glória para nos levar para Seu eterno reino. Não duvide! Jesus vem! Prepare-se, ame-O e viva em Sua presença. Assim, você será cada dia mais semelhante a Ele.

De todo coração, desejo que você tenha apreciado a leitura. Agora você sabe que o Senhor é seu poderoso e amoroso companheiro, que pode sustentá-lo e salvá-lo na viagem diária da vida. Por isso, sem falta, faça a viagem com Ele – uma caminhada fascinante cada dia.

• Um caminho pode ter subidas e descidas, como acontece na vida: com êxitos e fracassos. Mas lembre-se de que no caminho de Cristo sempre subimos, porque ele leva ao topo. Suba, então, por esse caminho, e você alcançará suas melhores aspirações!

• Um caminho pode ter suas margens definidas ou irregulares, como aconteça na vida: com barreiras de contenção ou sem nenhuma. Mas o caminho de Cristo nos detém, e evita que caiamos no acostamento e nele fiquemos detidos. Permita, então, que Cristo o segure pela mão, para que você possa fazer apenas o que é bom!

• Um caminho pode ser escorregadio quando chove, como acontece na vida:

## CONCLUSÃO 111

com escorregões e deslizes. Mas no caminho de Cristo você pode avançar sem perigo, se obedecer às Suas indicações. Siga, então, as instruções do Senhor, e evitará sérios escorregões!

• Um caminho pode nos levar a um bom destino, ou pode nos conduzir ao precipício, como acontece na vida, conforme seja nosso modo de agir. Mas o caminho de Cristo nos leva ao lugar mais feliz: o reino de Deus, onde a vida será eterna. Caminhe, então, com Jesus, e chegará à meta celestial!

Não existem muitos caminhos para chegar a Deus e à redenção. Jesus diz com clareza: "Eu sou o caminho, e a verdade, e a vida; ninguém vem ao Pai senão por Mim" (João 14:6). Que privilégio conhecer esse caminho e andar nele com fidelidade! Por isso, convido você, amistosamente, a caminhar com Cristo. Transite cada dia com Ele e coloque sua vida sob a direção divina. Permita que a Palavra de Jesus ilumine sua mente e o faça amar a verdade de Deus.

Se estas páginas o ajudaram a iniciar ou a confirmar sua caminhada espiritual com Jesus, não pare; continue desenvolvendo seu relacionamento com Ele. O Senhor Jesus o sustentará nas lutas e o levantará nas quedas. Nunca falhará com você, nem Se distanciará. Hoje e sempre Ele será sua suprema esperança e seu maravilhoso Redentor.

Coloque Deus em primeiro lugar em sua vida. Agarre-se à feliz certeza da salvação por meio de Jesus. Não a deixe passar. O Senhor tem reservada para você uma mansão em Seu reino, e está prestes a vir para lhe entregar essa mansão celestial. Prepare seu coração para receber esse inefável presente de amor. Você fará isso sem demora? Parabéns por sua inteligente decisão! Saiba que, para quem aceita Jesus, sempre existe esperança, pois Ele é o Autor da esperança.

*Se você gostou da mensagem deste livro e
deseja obter mais informações, acesse o site:*
www.esperanca.com.br

*Você pode também entrar em contato conosco
através do e-mail:*
atendimento@esperanca.com.br

*Ou escrever para:*
Projeto Amigos da Esperança
Caixa Postal 7, Jacareí, SP
CEP 12300-970

*Saiba que Deus tem um plano especial
para sua vida. Procure conhecê-lo melhor
e viva com mais esperança.*